Vorwort

Haben Sie ein Problem? Nein? Sehr gut. Sicher kennen Sie jemanden, der oder die Probleme hat. Man selbst hat ja in der Regel keine Probleme, deswegen lesen Sie das Buch auch sicherlich nur für jemand anderen. Ich habe auch keine Probleme, aber die Menschen um mich herum, da geht es ordentlich zur Sache. Während ich das so schreibe, fällt mir der alte Witz vom Autofahrer auf der A7 ein, der im Radio die Durchsage hört „Ein Geisterfahrer auf der A7" ... und er denkt nur „Einer? – Hunderte!" Oder um es mit Sartre zu sagen: „Die Hölle, das sind die anderen."

Wenn Sie sich bei der Lektüre des Buches provoziert, angesprochen oder ertappt fühlen, so ist genau das meine Absicht. Wenn etwas bei Ihnen ein Gefühl auslöst, man könnte auch sagen emotional relevant ist, dann ist die Wahrscheinlichkeit höher, dass Sie sich an dieses etwas erinnern, darüber nachdenken und mit anderen darüber sprechen. Das ist wie bei einer Autofahrt, auf der Ihnen ein anderer wohlmeinender Verkehrsteilnehmer mit seinem Mittelfinger zuwinkt. Von diesem werden Sie anderen berichten, der war für Sie emotional relevant. Ebenso werden andere Verkehrsteilnehmer auf Sie reagieren, wenn Sie diese mit Ihrem Mittelfinger freundlich auf ihre Fehler hinweisen. Natürlich können Sie auch auf andere Art und Weise beim Autofahren kommunizieren. Wenn Ihre Kommunikation, und damit meine ich jegliche Art von Kommunikation mit anderen und sich selbst, wirken soll, dann sollte Sie sowohl den Kopf als auch die Emotionen ansprechen.

Aus vielen Jahren Erfahrung in der Arbeit mit Menschen, sei es als Coach, Trainer, Speaker oder Berater, habe ich gelernt, dass ein „Klugschiss" viel weniger bringt als eine wohlmeinende Provokation. Außerdem muss man manchmal etwas erst schlimmer machen, um dann die Verbesserung genießen zu können. Wir nehmen vieles, was unseren Körper angeht, leider nicht genau wahr. So kann ich von Tag zu Tag sagen, mir geht es heute besser oder schlechter als gestern. Schwieriger ist es zu sagen, meine Wachheit liegt heute bei 83 %, gestern war sie noch bei 87 %. Um einen guten Unterschied machen zu können hilft es, das, was es zu verändern gilt, vorher ein wenig oder viel schlechter zu machen, oder zumindest zu wissen, wie man es verschlechtern könnte.

Das ist ein wenig wie bei dem Mann, der in ein Schuhgeschäft geht und sich Schuhe in der Größe 42 aussucht. Der Schuhverkäufer, mit viel Erfahrung und geübtem Blick, ist sich aber sicher, dass der Mann die Schuhgröße 44 hat. „Nein", sagt der Mann, „eine 42 muss es sein". Er bekommt nach kurzem Zögern dann auch diese Größe überreicht und probiert sie sogleich an. Mit Mühe und Not zwängt er seine Füße in die offensichtlich viel zu kleinen Schuhe und läuft ein paar Schritte mit schmerzverzerrtem Gesicht durch den Laden. „Die sind super, die nehme ich", sagt der Mann „und ich behalte sie gleich an". Der Schuhverkäufer kann das alles noch nicht glauben und fragt: „Mein Herr, diese Schuhe, die sind doch viel zu klein. Ihre Schmerzen müssen unglaublich sein." Daraufhin antwortet der Mann: „Wissen Sie, mein Leben ist so eintönig und trist. Tag ein, Tag aus immer nur mein Bürojob. Abends dann nach Hause und am Wochenende bin ich allein. Mein Leben ist einsam, mit so wenig Freude und schönen Dingen. Wenn ich aber abends dann nach der Arbeit nach Hause komme und die Schuhe ausziehe – dieses Glücksgefühl ist herrlich und einfach wunderbar!"

Mein Bestreben mit diesem Buch ist der Wunsch, dass Sie sich, liebe Leserin, und auch Sie, lieber Leser, ein gesundes und zufriedenes Leben erlauben. Ich glaube nämlich, dass Menschen genau dafür gemacht sind. In diesem Sinne wünsche ich Ihnen viel Vergnügen beim Lesen und auch beim Ausziehen zu enger Schuhe.

Sollten Sie weitere Beispiele, Anregungen oder Fragen haben, dann freue ich mich über Ihre E-Mail an **info@sebastianmauritz.de**.

Einleitung

Verehrte Leserinnen und Leser,

ich möchte Sie für das Thema Burn-out begeistern. Ja, Sie haben richtig gelesen: begeistern. Das klingt jetzt vielleicht ein wenig komisch, zumal doch Burn-out fast so etwas ist wie eine Plakette, ein Orden oder eine Auszeichnung, die sich verdiente Mitarbeiter ans Sakko oder an die Bluse heften. Ein Burn-out ist aber auch viel mehr und aus meiner Sicht eine sinnvolle Einrichtung des Körpers. Wenn wir nicht burn-out-fähig wären, dann hätten wir evolutionär betrachtet ein großes Problem! Sie fragen jetzt sicherlich „Wieso?" Sie fragen das mit Recht.

Ist es etwa so, dass die Menschen, die in der Steinzeit Feuer gemacht haben und stolz darauf waren, heute genauso stolz auf ihren Burn-out sein können? Ist Burn-out eine menschliche Errungenschaft, ein evolutionärer Vorteil, der den Menschen, die dazu fähig sind, einen Überlebensvorteil verschafft? Oder ist es nur eine gut getarnte Ausrede für eine Depression? Ich habe vollste Anteilnahme mit allen, die diese Diagnose als Teil ihres Lebens akzeptiert haben oder akzeptieren mussten. Aber im Geschäftsleben ist eine Depression wie der Name von Lord Voldemort in Harry Potter – etwas, das nicht genannt werden darf. „Depression ist es nicht, ich bin doch kein Depri – das ist ein Burn-out!" – „Ach so, na dann ist ja alles in Ordnung ..."

Das Stichwort heißt Ausweichdiagnose. Dadurch, dass Depression und Burn-out zumindest physiologisch ähnlich sind, ermöglicht das bessere Image von Burn-out vielen Betroffenen, mit ihren Problemen zum Arzt zu gehen.

Zurück zu der Frage, wieso Burn-out eine notwendige und hilfreiche Einrichtung unseres Körpers ist. Das liegt aus meiner Sicht daran, dass wir momentan ein weltweites Experiment durchführen, wie viel schneller, höher und weiter es mit unserer Geschwindigkeit geht. Die Grenzen der menschlichen Belastbarkeit werden jedes Jahr höher gesteckt. Was noch vor einem Jahr ein Spitzenergebnis war, braucht in diesem Jahr eine Steigerung. Wie viel mehr soll es sein? 3 %? 5 %? Nein, 12 %, das klingt besser für die Aktionäre. So oder so ähnlich hört man es immer wieder. „Stillstand ist Rückschritt“ und „Wer rastet, der rostet“, sind immer noch gern zitierte (Un-) Sinn-Sprüche. Dabei ist die Tatsache interessant, dass manche Menschen besser mit ihren Belastungen umgehen können als andere. Bei einem sagt man „dass der einen Burn-out bekommen hat, der hat doch nie richtig gearbeitet“ und bei anderen denkt man „dass der noch keinen Burn-out bekommen hat, wie macht der das nur?“. Sicherlich gibt es immer auch diejenigen, denen man mal einen Burn-out wünscht. Ein halbes Jahr Ruhe vor dem einen oder anderen Kollegen zu haben, könnte eine wahre Wohltat sein. Und wenn er keinen bekommt, dann eben ich.

Kommen wir zum Burn-out und wieso es wirklich gut ist, dass unser Körper diese Art der Rückmeldung auf Überlastung hat. In Vorbereitung auf mein erstes Buch (Das Ginkgo-Prinzip, 2009) bin ich 2006 auf den Begriff „Karoshi“ gestoßen. Dieser kommt aus dem Japanischen und bedeutet „sich zu Tode arbeiten“. Ist das also die Steigerung des Burn-out? Wann gibt es die ersten dokumentierten Fälle in Deutschland, bei dem der Mensch neben mir im Großraumbüro mit einem letzten „KLACK“ tot auf die Tastatur aufschlägt? Oder ist nicht gerade ein Burn-out eine Art Überlebensstrategie? Etwas, für das wir dankbar sein sollten, da wir statt zu sterben durch einen Burn-out gerettet werden?

Mich erinnert das immer an den guten alten Bluescreen beim Computer. Man macht irgendetwas und zack, der Bildschirm wird blau. Manchmal auch schwarz und man liest nur von irgendwelchen Ausnahmefehlern in irgendwelchen Speicherbereichen, Modulen oder was auch immer. Rien ne va plus, nichts geht mehr, heißt es dann beim Büro-Stress-Roulette. Bei anderen Maschinen und gerade modernen Smartphones „friert“ ja auch immer mal was ein. Freeze – Überlastung – Stillstand. Man wollte doch gerade nur kurz eine SMS schicken, jetzt stürzt das dumme Ding schon wieder ab. Naja, also die App oder das Programm neu starten. Wenn das nichts hilft, muss man eben das ganze System herunterfahren. Dann wieder hochfahren, neu starten, es funktioniert wieder, also weiter ... Das ist übrigens auch die hilfreichste Strategie, wenn etwas mit dem Computer nicht funktioniert. Tausende IT-Abteilungen können davon ein Lied singen. Das Lied hat den Titel „Starten Sie ihn doch mal neu“, im Refrain heißt es außerdem „Sind auch alle Kabel verbunden?“, mehr ist es oft nicht.

Was hat das jetzt mit Burn-out zu tun? Wozu dient der Titel des Buches? Was ist denn ein richtiger Burn-out und wie bekommt man ihn?

Da Burn-out ein wichtiges Feedback-System des Körpers ist und dazu gesellschaftlich hoch angesehen, möchte ich Ihnen Wege zeigen, wie Sie, wenn Sie es möchten, den besten Burn-out aller Zeiten bekommen können. Nicht nur so einen halbgaren Erschöpfungszustand, der entsteht, wenn Sie mal ein paar Tage den Montag nicht als Schontag genutzt haben. Nein, einen richtigen, echten, einen totalen Burn-out. Mit allem, was dazugehört. Sonst können Sie doch nicht ernsthaft Ihren Kollegen, Ihrem Chef und schon gar nicht Ihrer Familie gegenübertreten und sagen: „Hey Leute, ich hab einen Burn-out, ihr müsst jetzt erst mal auf mich verzichten." Ein Burn-out passiert nämlich nicht einfach so, man kann da viel falsch machen und dann dauert es länger, bis man ihn hat. Teilweise warten manche Menschen Jahre darauf, bis der Burn-out auch zu ihnen kommt. Wie bei Beförderungen gibt es diese immer nur für die anderen, die Leistung hat eben nicht gestimmt. Um Ihnen diesen Frust zu ersparen und die Möglichkeit zu geben, glaubwürdig und im Brustton der Überzeugung zu sagen „Ich hab einen totalen Burn-out!" – dafür soll dieses Buch dienen. Es ist eine Anleitung, die Sie auf jeden Fall befolgen müssen, und enthält viele Tipps, die sie auf keinen Fall befolgen dürfen, wenn Sie einen Burn-out bekommen möchten. Die ersten Kapitel des Buches beschreiben fünf Wege, wie Sie in den Burn-out gehen können. Wenn Sie wenig Zeit haben, dann lesen Sie bitte nur diese. Bitte lesen Sie nicht die vielen Tipps, die könnten an Ihrer Gesundheit etwas verbessern.

Im zweiten Teil des Buches geht es in die Tiefe. Da besonders in Deutschland gerne über die eigenen Probleme gesprochen wird, sei es in ambulanter Versorgung oder beim stationären klinischen Aufenthalt, habe ich in diesem Teil Informationen zu den Hintergründen von Burn-out für Sie zusammengefasst. Es geht um Stress (wichtig für einen Burn-out ist ganz viel davon), Resilienz (eine Art Schutzschild gegen Stress und somit ein großer Feind des Burn-out) und weitere wichtige und wissenswerte Dinge.

Was Sie auf keinen Fall lesen dürfen, ist das letzte Kapitel. Es handelt von der Lust am Scheitern und vom guten Umgang mit sich selbst. Wir leben in Deutschland in einer Hochleistungsgesellschaft, in der weder Scheitern noch Niederlagen akzeptiert werden. Oder wie Dr. Eckhart von Hirschhausen einmal sagte: Man bekommt in Deutschland den Eindruck, dass man, wenn man mit 45 Jahren noch keinen Herzinfarkt hatte, als latenter Leistungsverweigerer gilt. Wenn Sie gut mich sich umgehen, nett zu sich sind und am Ende auch noch Verständnis für Ihre eigene Endlichkeit aufbringen, dann wird es nichts mit dem Herzinfarkt, schon gar nicht mit einem Burn-out. Nur strenge Zucht und Ordnung hilft. Wenn die Worte nicht reichen, sich selbst zu motivieren, dann braucht es zusätzlich noch die Selbstgeißelungspeitsche.

Sollten Sie schon jetzt keine Lust mehr aufs Lesen haben, dann verschenken Sie doch einfach das Buch an jemanden, den Sie nicht leiden können. Nichts gibt der eigenen Karriere so viel Aufwind wie eine Vielzahl kranker Kollegen.

Viel Vergnügen!

Ihr

Sebastian Mauritz

„Was immer du tust,
irgendwann wirst du es bereuen."
– Thomas von Aquin

Vom Machen und Tun im Büro

Sind Sie Durchschnitt? Mittelmaß? 0-8-15?

Kennen Sie den Durchschnitt? Wollen Sie Durchschnitt sein? Oder wollen Sie brennen, um irgendwann mal sagen zu können: „Seht her, ich habe gebrannt." Burn, baby, burn! Und dann, wie bei einer Rakete, wenn sie ihre Last mit übermenschlicher Kraft in die unendlichen Weiten des Weltraums gehoben hat, kommt der Burn-out. Was für eine Auszeichnung, was für eine Anerkennung für das Geleistete. Zum Wohle der Menschheit mit einem unglaublichen Nutzen für alle anderen – wunderbar! Nach ein paar Augenblicken des Genusses dieser Unendlichkeit lassen Sie uns kurz noch mal die Zeit ein wenig zurückdrehen und wieder auf die Erde reisen ...

Ich möchte Sie an einen der Millionen Bildschirmarbeitsplätze in Deutschland mitnehmen und Ihnen Herrn Standard vorstellen. Herr Standard ist Durchschnitt, in allem, was er in seinem Leben gemacht hat und was auch immer ihm passiert ist. Bezahlung, Karriere, Familienstand, Aufmerksamkeit von anderen – alles Durchschnitt. So richtig viel engagiert hat er sich bisher nicht – weiß seine Personalakte. Man kann nicht sagen, dass er sich hängen lässt, aber so ein richtiger Durchstarter ist er auch nicht. Durchschnitt eben. Und so sieht auch sein Arbeitsplatz aus und ist damit schon ganz gut aber nicht so richtig für einen Burn-out geeignet. Und da es doch um diese Auszeichnung, dieses Arbeitsverdienstkreuz geht, möchte ich Herrn Standard und natürlich auch Ihnen auf dem Weg behilflich sein – oder anders: wenn schon Burn-out, dann richtig!

Den Anfang machen wir bei Ihnen im Büro, denn da ist es am einfachsten, Dinge zu verändern. Ich möchte Ihnen folgende Fragen beantworten: Warum sollten Sie Ihr Büro und Ihre Arbeitsumgebung auf eine bestimmte Weise gestalten? Was müssen Sie bei Ihrem Arbeiten, beim „Machen" und „Tun" beachten? Wozu macht eine Kombination vieler verschiedener Burn-out-Strategien Sinn?

Fangen wir mit dem an, was Sie alles in der Welt tun. Ihr Handeln, Arbeiten, Job, Arbeitsabläufe mit und ohne Beschreibung – wie auch immer Sie es nennen wollen. Es geht um das konkrete „Machen" in einem bestimmten Kontext. Um auch an alles zu denken und nichts zu vergessen, fangen wir zum Start mit einem Blick in Ihr Büro an. Wie sieht es da aus und was ist hilfreich für einen erfolgreichen Weg zum besten Burn-out aller Zeiten? Das Rezept für einen Burn-out ist eigentlich ganz einfach. Viel, am besten zu viel Stress über einen möglichst langen Zeitraum. Bei zu viel Stress meine ich nicht, ein mittleres bis mittelhohes Maß an Stress, das am Ende auch noch förderlich für die eigene Arbeitsleistung wäre und gar zu einem hohen Maß an Effektivität führen würde. Nein, ich meine ZU VIEL Stress.

Ergono-was?

Was von vornherein hilft, ist eine schlechte Ergonomie. Ergono-was? Das wurde ich im Rahmen einer Beratung vor vielen Jahren mal gefragt. Mittlerweile hat die Ergonomie schon Einzug in das Vokabular der Büroarbeiter gefunden – oftmals allerdings auch nur in das Vokabular. Bei Ergonomie geht es einfach gesagt darum, wie Sie im Büro arbeiten – Arbeitsbedingungen, Arbeitsabläufe und Anordnung Ihrer Arbeitsgeräte. Im Stehen, Sitzen oder Liegen und was Sie dazwischen machen. Gehen Sie in die Kantine oder essen Sie am Arbeitsplatz? Müssen Sie ein paar Schritte zum Drucker zurück legen oder steht er direkt neben Ihrem Schreibtisch? Was man allein schon im Bereich Ergonomie für seinen Burn-out tun kann, ist wunderbar. Aber was ist hier genau zu beachten? Nun, auf keinen Fall sollten Sie grüne Pflanzen, organische Formen oder auch nur Bilder von Natur oder Ähnlichem in Ihrem Sichtfeld haben. Dazu sollte auch die Beleuchtung schlecht sein, im besten Falle künstlich und direkt, einige blendende Halogenstrahler sind hervorragend. Ein schlechter Bürostuhl ist zusätzlich sehr hilfreich, um ein gutes und permanentes Grundstressniveau zu erreichen.

Wenn Sie dann noch mit dem Rücken zu einer Tür sitzen, mit viel Durchgangsverkehr, einer möglichst hohen Lautstärke im Raum, dann ist das schon mal eine gute Grundlage für passiven Stress. Machen Sie sich diesen meist unbewussten Stress mal bewusst – hören Sie genau hin, was Sie alles nervt und fühlen Sie sich mal genau hinein – das ist die dunkle Seite der Ergonomie. Herr Standard sitzt übrigens in einem 9 qm großen Büro ohne Fenster, dafür aber mit jeder Menge Aktenordnern. Die Einrichtung seines Büros setzt sich aus dem regenbogengleichen Spektrum zusammen, die man in der Farbpalette des Büroausstatters unter „lichtgrau“ finden kann. Der einzige Lichtblick ist ein kleines Bild von seiner Frau mit seinen Kindern, natürlich in Schwarz-Weiß, und eine verstaubte Plastikpflanze, weil normale Pflanzen bisher in seinem Büro nicht überlebt haben. Herr Standard fragt sich oft, wenn er die Plastikpflanze so sieht, ob es nicht besser wäre, wenn auch er durch einen Plastikmenschen ersetzt werden würde ... nach kurzem Nachdenken schüttelt er dann den Staub ab und arbeitet weiter.

Kurze Zwischenfrage: Reicht Ihnen das schon? Wenn ja, dann können Sie es nicht ernst meinen mit Ihrem Burn-out. Wenn nein, dann weiter zu Stress, der Grundsubstanz für Burn-out.

An Stress muss man sich immer erst gewöhnen, dann empfindet man ihn auch nicht mehr als schlimm. Jeden Tag ein wenig schneller, ein wenig mehr – schleichen Sie Stress ganz bewusst in Ihr Leben ein, dann merkt es der Körper nicht so schnell.

Wenn Sie jetzt auf die Art schauen, wie Sie etwas tun, dann sollten Sie unbedingt darauf achten, dass Sie immer alles gleich machen. Wie heißt es doch so schön: Der Mensch ist ein Gewohnheitstier! Also pflegen Sie bitte

Ihre Handlungsmuster. Das fängt morgens beim Zähneputzen an – bitte immer mit der gleichen Hand – und geht mit den bekannten morgendlichen Ritualen weiter. Dazu sollten Sie auch immer im gleichen Auto den gleichen Weg zur Arbeit fahren und zwar bitte immer mit dem Auto und nicht mit öffentlichen Verkehrsmitteln oder dem Fahrrad am Stau vorbei. Wenn Sie das Niveau von „Und täglich grüßt das Murmeltier" erreicht haben, dann ist es gerade richtig! Flexibilität ist ein Stressverhinderer und als Beleidigung für Ihr System zu betrachten. Schließlich haben Sie doch ein Gehirn, was als musterbildendes Organ den ganzen Tag Muster produziert. Also macht es doch Sinn, immer alles gleich zu lassen. Oder frei nach Dr. Hirschhausen der Glaubenssatz vieler Menschen: Je weniger man sein Gehirn benutzt, desto länger bleibt es frisch.

Ergonomie-Tipp

Sollten Sie sich für das Thema Ergonomie interessieren, so lohnt es sich auf **www.igr-ev.de** (Website der Interessengemeinschaft Rücken e. V.) nachzuschauen, wer Ihnen beim Thema Ergonomie in Ihrer Nähe kompetent zur Seite stehen kann. Wenn Sie dann noch ein wenig mehr über Bürogestaltung erfahren wollen, dann surfen Sie doch einfach mal auf **www.ginkgo-strategie.de**. Da finden Sie jede Menge Ideen, wie Sie Ihr Büro ein wenig schöner machen könnten. Wie sagte doch schon Thomas von Aquin: **„Die Umgebung, in der der Mensch den größten Teil seines Lebens verbringt, bestimmt seinen Charakter."**

Hinweis!

Die folgenden 10 Tipps wirken sehr effektiv, um den Stresslevel zu senken und gesünder und flexibler mit den Herausforderungen des Lebens umzugehen. **Aber Achtung, die Tipps sollten Sie natürlich NICHT beachten, wenn Sie den besten Burn-out aller Zeiten haben wollen!** Auf dem Weg zum Burn-out sind sie hinderlich, ja sogar gefährlich, weil sie Sie entspannen, Lösungsstrategien zeigen und Ihnen helfen, besser mit Ihrem Leben zurechtzukommen. Also seien Sie auf der Hut, denn Lösungen lauern überall! ... Und selbst wenn Sie nur einen Tipp umsetzen, fangen Sie schon an, etwas zu verändern ...

Tipp 1 Flexibilitätstraining

Wenn wir Stress haben, dann schaltet unser logisches Denken auf Stand-by. Somit nimmt unsere Flexibilität (geistig und auch körperlich) ab und in der Regel greifen wir auf alte Handlungsmuster und Lösungsstrategien zurück. Das ist besonders deswegen schwierig, weil wir oft auf die negativsten Muster und auf das schlechteste Verhalten, das wir in ähnlichen Situationen kennen gelernt haben, zurückgreifen. So funktioniert leider bzw. zum Glück unser Gehirn.

Um Ihr Denken und Handeln ein wenig flexibler zu machen, möchte ich Ihnen ein kleines Flexibilitätstraining vorschlagen. Es geht darum, Ihre Muster zu durchbrechen. Berechtigterweise könnten Sie fragen: „Muster? Welche Muster?“ Die Rede ist von Verhaltensmustern. Fangen wir morgens im Bad an und hier zum Beispiel mit der Art und Weise, wie Sie sich die Zähne putzen. Nehmen Sie die rechte oder die linke Hand? Ich zum Beispiel bin Rechtsputzer – wenn man es so nennen will. Wenn Sie auch Rechtsputzer sind, dann nehmen Sie beim nächsten Mal einfach die linke Hand zum Zähne putzen. Aber Achtung – es könnte mehr spritzen als sonst, nur falls Sie schon angezogen sind ... Und so geht es weiter. Im Bad vielleicht damit, dass Sie sich anders abtrocknen. Statt oben anzufangen, fangen Sie unten an. Wenn Sie in die Küche gehen, verändern Sie die Reihenfolge der Dinge, die Sie morgens erledigen müssen. Jeden Tag ein wenig anders hilft schon. Wenn Sie dann aus dem Haus gehen, dann fahren Sie einfach mal einen anderen Weg zur Arbeit – und am nächsten Tag wieder und am dritten Tag auch wieder. Beim Autofahren könnten Sie wiederum statt über andere Verkehrsteilnehmer zu fluchen einfach mal lächeln oder statt sich zu ärgern einfach nur wundern. Manche Menschen, besonders im Straßenverkehr, haben eine sehr interessante Art, ihre Wertschätzung auszudrücken.

Planen Sie sich Zeit fürs Flexibilitätstraining ein, manche Dinge dauern so ein wenig länger. Die Zeit, die Sie investieren, ist es aber mehr als wert, vertrauen Sie mir! So geht es weiter. Konsequenterweise können Sie immer, wenn Sie ein Muster entdecken, dieses durchbrechen – oder eben nicht. Das wäre dann auch wieder eine Musterdurchbrechung bzw. Sie werden sich eines Musters bewusst.

„Wie lange?“ ist eine oft gestellte Frage. Fürs erste Mal sollten Sie mindestens sieben Tage einplanen, noch besser sind 21 Tage. Und ja, ich weiß, dass es anstrengend sein kann. Sehen Sie es eher spielerisch, als eine Art, mehr über sich selbst zu lernen und zu erfahren, wie Sie denken und handeln.

Wozu das Ganze? Wenn der nächste Sturm kommt, dann können Sie mit Ihrer neu gewonnenen Flexibilität diesem nachgeben, wie die Gräser es tun, um sich danach wieder aufzurichten und weiter zu wachsen. Wenn Sie sich gegen den Sturm stellen, dann kann es passieren, dass Sie ab einem gewissen Druck Schaden nehmen, vielleicht sogar brechen. Oder wie heißt es doch auch: „Der Klügere gibt nach.“

Büro-Mikado

Kommen wir noch einmal zurück zu Herrn Standard und einem sehr beliebten Spiel, das in seiner Firma jeden Tag gespielt und fast bis zur Meisterschaft optimiert wurde: Büro-Mikado. Die wichtigste Regel hierbei ist: Starre ist Trumpf – wer sich zuerst bewegt, hat verloren. Im Prinzip ist das auch die einzige Regel. Geübt wird nicht nur im Büro, sondern auch zu Hause. Unwissende Menschen nennen das dann „Couchpotato". In der Bundesliga des Büro-Mikado darf man sich gar nicht bewegen. Als Sonderaufgabe für geübte Athleten finden die täglichen Wettkämpfe dann an sehr herausfordernden Spielstätten statt. Gerne genommen werden lärmende Großraumbüros, dazu noch ein paar hoch konzentrative Aufgaben: Das ist „Leistungssport Büroarbeit."

Wenn Sie das auch üben wollen, dann gilt: Verlassen Sie Ihren Arbeitsplatz nicht, haben Sie alles in Ihrer Nähe. Essen, Trinken, einfach alles, was Sie brauchen. Von Profis wird berichtet, dass sie es schaffen, ihre Ausscheidungsfunktionen so weit zu kontrollieren, dass sie grundlegende menschliche Schwächen wie den Gang zur Toilette nur in Verbindung mit dem Weg zur oder von der Arbeit verbinden.

Auch während der täglichen Störungen dieses Trainings können Sie mit ein paar Kleinigkeiten sicherstellen, dass Ihr Trainingseffekt nicht zunichtegemacht wird. Wenn Sie sich schon zu Meetings bewegen müssen, dann halten Sie diese wenigstens im Sitzen, möglichst ohne Gliederung. Und vermeiden Sie es auch, einen Schritt an die frische Luft zu gehen – das wirft Sie sonst auf dem Weg zum Burn-out um Monate zurück.

Tipp 2 Profitieren Sie von Ihrer Faulheit

Man könnte sagen, dass das Gehirn faul ist. Fakt ist aber, dass es nur deswegen so effektiv und schnell sein kann, weil es so „faul" ist. Es reduziert, blendet aus, generalisiert – hochkomplex und doch ganz einfach. Wenn Sie sich das zu Nutze machen wollen, dann ist Verfügbarkeit

Trumpf. Das könnte so aussehen wie in einer Firma, die etwas für die Gesundheit ihrer Mitarbeiter tun wollte. Die Aufgabenstellung war eigentlich ganz einfach – eigentlich. Vor einiger Zeit hatte der Firmeninhaber eines mittelständischen Unternehmens einen Lieferdienst beauftragt, wöchentlich Bio-Obst zu liefern. Dazu hatte er noch eine Wasserfilteranlage einbauen lassen – das Trinkwasser schmeckte wirklich klasse! Nach einigen Wochen war er sehr enttäuscht, weil der Großteil des Obstes zum Ende der Woche weggeschmissen wurde. Er wunderte sich auch, dass seine Mitarbeiter weiter Wasserkästen in den Büros hatten, dazu Softdrinks und jede Menge Kaffee. „Es ist doch alles da, wieso nimmt es denn keiner? Haben Sie eine Lösung?", war seine Frage. Die Lösung, die ich ihm zuerst mal für eine Abteilung anbot, die sich seiner Meinung nach am meisten dagegen „wehrte", war relativ einfach. Ich stellte drei verschiedene Wasserkaraffen (schönes Design, groß und gut zu bedienen) und drei verschiedene Gläsertypen (groß, dickwandig, elegant, um gut daraus trinken zu können) in der Abteilung bereit. Das Gleiche wiederholte ich mit drei verschiedenen Obsttellern: Edelstahl (matt oder glänzend) und Holz. Darunter fanden die Mitarbeiter eine Liste mit der Bitte, sich pro Person eine der Karaffen, einen Obstteller und einen Gläsertyp auszusuchen. „Ein Geschenk an Ihre Gesundheit" war die Überschrift ... Abends war die Liste ausgefüllt, am nächsten Tag wurden dann Karaffen, genug Gläser von jeder Sorte und die entsprechenden Obstteller bestellt. Der „Testlauf" lief, wie ich es gehofft hatte. Auf jedem Schreibtisch standen von nun an Wasser und Obst. Aufgrund dieses Erfolges statteten wir jede Abteilung nach dem gleichen Vorgehen aus. Das Ergebnis nach jetzt einem halben Jahr ist, dass mehr Obst bestellt werden muss, weil der Obstverbrauch noch weiter gestiegen ist, und der Wasserkonsum sich vervierfacht hat.

Als Tipp für Sie kann ich Ihnen aus eigener, persönlicher Erfahrung sagen: Machen Sie das verfügbar, was für Sie gut und sinnvoll ist. Stellen Sie es so hin, dass Sie es SEHEN und in Griffweite haben. Achten Sie darauf, dass das, was Sie für sich verfügbar machen, Ihnen Spaß macht! Gerade, wenn Sie ein Verhalten umlernen wollen, sollte der neue Weg, das neue Verhalten viel mehr Spaß machen, viel attraktiver sein als der alte.

Der Feierabend-Bonus

Wenn Sie abends nach Hause kommen, belohnen Sie sich für den harten Trainingstag am besten mit Zucker und Alkohol. Wenn Sie das unglücklich macht, dann essen Sie mehr Schokolade, die macht irgendwann sicher glücklich. Aber bloß keine Bitterschokolade, der wurden nämlich schon gesundheitsförderliche Wirkungen nachgesagt. Bitte nur die gute Vollmilchschokolade mit viel Zucker. Das nimmt gleichzeitig die Energie aus Ihrem System und betäubt Sie auf wunderbare Weise. Trinken Sie auch regelmäßig Alkohol, 2-3 Gläser Wein oder 1-2 Liter Bier sind völlig normal in Deutschland und doch auch gesund. Am besten machen Sie das beim Fernsehen. Die TV-Trance fühlt sich auf jeden Fall so an, als könnte Sie bei der Entspannung helfen. Dann irgendwann ins Bett und am nächsten Tag geht es wieder los ins Büro, Ihrer heimlichen Burn-out-Trainingsstätte.

Kommen wir im Büro vielleicht noch mal darauf zurück, wie Sie arbeiten sollten, um möglichst schnell den besten Burn-out aller Zeiten zu bekommen. Denn darum geht es ja immer noch, um Ihren „Arbeitsverdienstorden". Ein weiterer Weg zu mehr Stress und damit zu einem noch schnelleren Burn-out führt über ein aktives Lernen von den Maschinen, die uns umgeben.

Tipp 3 Stress mit Sport regulieren

Stress ist im Grundsatz eine Bereitstellung von Energie im System Mensch. Diese Energie wurde früher durch körperliche Aktivität, wie Arbeit, Flucht oder Kampf abgebaut. Dauerstress ist etwas, für das unser System nicht konstruiert wurde. Die Auswirkungen, die dauerhafter Stress auf die menschliche Gesundheit hat, werden im größten Feldversuch der Menschheitsgeschichte momentan millionenfach untersucht. Regelmäßiger Sport, der auf einfache und effektive Weise den Stress/die bereitgestellte Energie im eigenen System reguliert, ist ein gutes Mittel, für eigenes Wohlbefinden und einen ausgeglichenen Stress-Level zu sorgen.

Hier sind einige Dinge zu beachten, die sich aus den Rhythmen des Körpers ergeben. So sollte man eher abends nach der Arbeit als morgens Sport treiben. Zum einen ist der Stress abends im System, zum anderen ist Sport nach der Arbeit eine gute Hilfe, um auf „privat“ umzuschalten. So können Sie dann mit Sicherheit auch besser schlafen.

Multitasking ist Trumpf

Hier hilft die Erkenntnis: Was mein Smartphone kann, das kann ich doch schon lange! Besonders sinnvoll für Sie und Ihren Arbeitsalltag ist „Multitasking“. Das heißt, alles gleichzeitig zu machen, viele Aufgaben zur gleichen Zeit zu erledigen und das möglichst so, dass es andere auch wahrnehmen. Damit die anderen das auch garantiert tun, ist es sinnvoll, wenn Sie möglichst viele Wahrnehmungskanäle bedienen. Sprich, wenn man Ihre viele Arbeit nur sieht, ist es nicht so effektiv, als wenn man Sie dabei auch hört: Stöhnen, Jammern und Lamentieren hilft. Damit Ihre ganze Arbeit gesehen und gehört wird, sollten Sie sich immer wieder stören lassen. Das Sich-stören-lassen hat dazu noch einen weiteren positiven Nebeneffekt: Sie können den anderen sagen, dass sie Sie gerade stören. Was aber tun, wenn Ihr Job nicht genug gleichzeitige Aufgaben ermöglicht? Herr Standard hat auch hier eine für ihn gute Lösung gefunden. Er erledigt private Sachen mit seinen beruflichen zusammen. Außerdem kombiniert er das auch sehr effektiv mit SMSen, Whatsappen, Twittern und Facebooken. Der scheinbar existente geschlechtsspezifische Unterschied beim Multitasking wurde im Rahmen der Gleichbehandlung auch geändert. Wenn Frauen Multitasking können, dann können wir Männer das doch auch. Und mal ehrlich, wenn wir es noch nicht können, dann lernen wir es eben! Noch ein ergänzender Tipp zur weiteren Effektivität: Verzichten Sie auf jegliche Struktur beim Arbeiten. Ganz wichtig ist, bloß kein Gefühl dafür zu bekommen, was Sie am Tag geschafft haben. Das hält den Stresslevel hoch und das Gefühl der Selbstwirksamkeit niedrig. Also jegliche leistungsdokumentierende Tätigkeit wie abends in den Postausgangsordner zu schauen, E-Mails zu zählen oder Telefonlisten zu führen, an denen man abends sieht, was Sie tagsüber getan haben, ist absolut tabu!

Tipp 4 Eins nach dem anderen

Wenn Sie Aufgaben erledigen, dann gelingt das nacheinander besser als alles zugleich. Das Zauberwort heißt „Singletasking“ und trägt der Tatsache Rechnung, dass unser Gehirn seriell und nicht parallel arbeitet. Sprich, eins nach dem anderen macht Sie nicht nur schneller, sondern ist auch weniger anstrengend.

Warum Multitasking trotzdem so populär ist? Es fühlt sich effektiver an, als es in Wirklichkeit ist, was wiederum in der Art und Weise begründet ist, wie das Gehirn auf Multitasking reagiert.

Ein erster Schritt in Richtung Singletasking könnte sein, dass Sie immer nur das Programm geöffnet haben, welches Sie gerade brauchen. Besonders die „Plings“ oder andere Hinweise von Ihrem E-Mail-Programm lösen immer wieder Stress aus und lassen garantiert keinen guten Arbeitszustand entstehen. Probieren Sie es mal einen Tag, eine Woche oder vielleicht sogar einen Monat aus. Sie werden überrascht sein, wie viel effektiver Sie werden.

Wer weniger bremst, fährt länger schnell

Besuchen wir mal wieder Herrn Standard bei seiner Arbeit. Ein Erinnerungszettel fällt besonders auf und klebt gut sichtbar an seinem Monitor: Wer rastet, der rostet! Ein stiller Protest gegen die Postkarten der lieben Kollegen mit so absurden Sprüchen wie „Nur keine Hetze! Wir sind bei der Arbeit und nicht auf der Flucht.“ Arbeit muss nicht nur schnell und unter Zeitdruck stattfinden, sondern möglichst auch ohne Pausen. Ein guter Tipp für den besten Burn-out aller Zeiten ist, möglichst nachts und ganz ohne Pausen zu arbeiten. Beachten Sie bloß nicht die Rhythmen Ihres eigenen Körpers. Kämpfen Sie den Kampf gegen den eigenen Stillstand mit Kaffee, Keksen – und wenn es gar nicht mehr geht, dann gehen Sie schnell eine Zigarette rauchen. Wenig Schlaf hilft auch, das eigene Image vom rastlosen

Arbeitstier aufzupolieren. Nicht selten unterbieten sich die Mitglieder von Management-Runden, wer weniger schläft. Vier Stunden sagt der Erste, drei der Zweite und zweieinhalb der Dritte. Manche schlafen gar nicht mehr – sagen sie zumindest. Was Sie auf jeden Fall meiden sollten, sind die Fallen von findigen Beratern oder auch der Ratgeberliteratur. Diese sprechen von Powernap, Snoozeln, Kraftschlaf, Akkus laden – zu Deutsch ein Schläfchen bei der Arbeit. Aber ehrlich, während der Arbeit zu schlafen, das würde Ihr Image als Powerworker komplett zerstören!

Tipp 5 Akkus laden

Ein Nickerchen in Ehren kann niemand verwehren – so heißt es doch, oder? Wenn ich Firmen in Bezug auf Arbeitseffizienz berate, dann empfehle ich immer wieder, kleine Schläfchen in die Arbeitskultur zu integrieren. Die Reaktionen sind unterschiedlich. Was vor ein paar Jahren noch auf großes Unverständnis nach dem Motto „Die Leute sind hier zum Arbeiten und nicht um zu schlafen!" stieß, weicht immer mehr der Erkenntnis, dass ein kurzes Nickerchen die Akkus der Angestellten wieder auflädt. Wenn Sie als Beispiel einmal Ihr Handy nehmen, dann ist ganz klar, was zu tun ist, wenn der Akku bei 3 % ist, oder? Bei uns Menschen vergessen wir dies in der Regel und aktivieren die letzten Reserven mit einem kurzen Strohfeuer aus Kaffee und Keksen.

Die erste Frage, mit der man sich auseinandersetzen sollte, ist: Wann macht ein Nickerchen Sinn? Die einfachste Antwort: Wenn Sie müde und unkonzentriert werden. In der Regel ist das zwischen 13 und 16 Uhr, je nachdem, wann Sie mit der Arbeit angefangen haben. Sie können auch abends zwischen 18 und 21 Uhr noch ein Nickerchen einlegen – wenn Sie dann wach und fit zu Ihrer Familie nach Hause kommen, wird das sicherlich alle freuen.

Eine weitere typische Frage ist, wo ich mein Nickerchen machen kann. Am Schreibtisch oder in einem Pausenraum? Manche Kraftschläfer gehen auch zu ihrem Auto und laden ihre Akkus heimlich in ihren Pausen. Von der Länge her sollten 25 bis 30 Minuten nicht überschritten werden, 10 bis 20 Minuten sind ideal.

Wenn Sie in Ihrer Firma, egal ob Sie Angestellter, Führungskraft oder Geschäftsführer sind, dieses kraftspendende Nickerchen einführen wollen, dann sollten Sie dafür gutes Marketing machen. Das fängt in der Regel mit dem Namen an. Schläfchen, Mittagsschlaf und auch Nickerchen haben einen eher „faulen" Beigeschmack. Probieren Sie es mal mit Kraftschlaf, Powernap oder „die Akkus wieder aufladen".

Man muss nur wollen!

Also, was ist noch hilfreich für ein konstant hohes Stressniveau? Was bringt die extra Würze in den Arbeitsalltag? Dazu fällt mir ein Gespräch mit einem Kunden ein, der seine „hocheffektive Truppe" noch weiter optimieren wollte. Eine der häufigsten Anfragen übrigens im Bereich Arbeitseffizienz. Mein Kunde schilderte mir seine bisherigen Ansätze, die wir zusammen noch optimierten. Ein Punkt war hierbei besonders wichtig: Es gab keine Prioritäten, alles war wichtig. Mein Vorschlag war, alles auf Priorität 1 zu setzen, am besten gestern fertig, weil heute schon zu spät. Das hat zusätzlich den Nebeneffekt, dass man das Gefühl hat, immer hinterherlaufen zu müssen, womit zumindest das gefühlte Sportprogramm erfüllt wäre.

Wenn Sie dann noch alles, was Sie in den nächsten Wochen, besser noch Monaten, zu erledigen haben, auf den Tisch legen, ist das optimal. Am besten gut sichtbar, sodass Sie abends von den Stapeln wartender Arbeit angeklagt werden, wie Sie jetzt schon nach Hause gehen können. Morgens beim Aufwachen können Sie dann vielleicht auch hören, wie Sie von Ihrer Arbeit gerufen werden.

Da fällt mir die Geschichte eines Anwaltes ein, der auch als Notar arbeitet. Es war für mich wirklich beeindruckend, als ich einen Termin für eine Beurkundung hatte und zum ersten Mal in sein Büro kam. Aktenberge, soweit das Auge reichte – fast schon ein Aktengebirge. Irgendwo mittendrin schaute ein Kopf raus und bat mich, auf dem Stuhl Platz zu nehmen, der, als einziges im Raum, nicht von Akten bedeckt war. Durch eine kleine Schneise schaute ich in das Gesicht des Anwaltes und fragte, ob das Lager gerade renoviert werde. Ach, wissen Sie, nur das Genie beherrscht das Chaos, kam als Antwort, und Schränke werden klar überschätzt. Bemerkenswerterweise hat der Anwalt es dann geschafft, die zu bearbeitende Akte in weniger als 10 Minuten zu finden. Dabei wurde er nicht, ganz zu meinem Erstaunen, von einem der schwankenden Papierberge unter sich begraben. Ich musste allerdings später noch mal einen Termin vereinbaren. Die erste Beurkundung hat er leider nicht mehr gefunden, wie mir seine Sekretärin bzw. „Bergführerin“ am Telefon mitteilte. Wenn Sie also schon keine Zeit für Urlaub haben, dann holen Sie sich die Berge ins Büro, auch wenn es nur Berge von Arbeit sind.

All by myself

So, wir nähern uns dem Ende. Nein, nicht Ihrem Ende oder dem Ende des Buches, sondern vom ersten Kapitel bzw. den Dingen, die Sie konkret im Büro tun können, um einen möglichst hohen Stresslevel zu haben. Wichtig wäre zum Beispiel auch eine Kombination, wie sie beim Shampoo Sinn macht. Man wäscht sich ja nicht nur die Haare, man benutzt auch noch eine Spülung. Genau das können Sie in eine sehr effektive Verhaltenskombination übersetzen. Das eine Verhalten ist, sich auf keinen Fall helfen zu lassen. Dann könnten sich ja andere mit Ihren Lorbeeren schmücken. Das geht gar nicht, wo kämen wir da hin? Ergänzend dazu ist es durchaus sinnvoll, sich für alles verantwortlich zu fühlen. Wie ein Aufgabenmagnet einfach alles anzuziehen und permanent die Verantwortung zu übernehmen – und zwar die volle! Abgerundet kann dieser Verhaltenscocktail dadurch werden, dass Sie sich auch für das verantwortlich fühlen, was nicht klappt und so auch noch alle Probleme anziehen. Bezogen auf Haarpflege entspricht das dann der reparierenden Pflegepackung, oftmals reichen Shampoo und Spülung eben einfach nicht aus.

Tipp 6 Realistische Ziele

Was viele Menschen unzufrieden sein lässt, sind Ziele, denen sie ein Leben lang hinterherlaufen. Viele der Teilnehmer in meinen Seminaren und Coachings kommen mit verhältnismäßig großen Zielen. 20 kg abnehmen in zwei Wochen, in einem halben Jahr Millionär sein, und so weiter. Wir alle kennen auch die eine oder andere Art, Ziele zu stecken, gesteckt zu bekommen oder zu vereinbaren. Sei es das Jahresgespräch in der Firma oder ein dringender Wunsch des Partners, von den Eltern oder von wem auch immer. Meine erste Frage lautet immer: Ist das realistisch?

Oftmals werden hier die so genannten „Wohlgeformtheitskriterien" bei der Zielfindung außer Acht gelassen. Deswegen kurz im Überblick zwei Methoden zur Zielprüfung: SMART und SPEZI. Jedes Ihrer Ziele sollte möglichst alle dieser Eigenschaften erfüllen.

Prüfen Sie doch mal, ob eines Ihrer momentanen Ziele ...

S spezifisch, selbsterreichbar, schriftlich
M messbar
A attraktiv
R realistisch
T terminiert

S sinnlich wahrnehmbar (über die fünf Sinne)
P positiv formuliert
E eigenständig erreichbar
Z zusammenhängend (in einem bestimmten Kontext)
I (mit) Intention/Absicht versehen

... ist? Erfüllt es alle Kriterien? Und ist das Ziel anziehend? Haben Sie ein gutes Gefühl, wenn Sie daran denken?

Prüfen Sie doch mal, ob Ihre Ziele diesen „Wohlgeformtheitskriterien" entsprechen. Beachten Sie bitte, dass Probleme immer nur dann entstehen, wenn es eine Abweichung eines „Ist-Wertes“ von einem „Soll-Wert“ gibt. Je achtsamer und realistischer ein Ziel gesteckt wird, desto besser.

In gewisser Weise kann man es auch mit der Geschichte des Mannes sagen, der jeden Tag zu Gott betet, dass er ihn doch im Lotto gewinnen lassen möge. Nach vielen gewinnlosen Jahren hört dieser Mann auf einmal die Stimme Gottes, der ihm donnernd und grollend zuruft: „Wenn du im Lotto gewinnen willst, dann musst du dir auch mal einen Lottoschein kaufen!“

Tote Pferde reiten hilft!

Hier noch eine Strategie, die hocheffektiv ist und in vielen Konzernen bestmöglich praktiziert wird: Tun Sie Dinge, die nicht funktionieren, und tun Sie davon viel! Dazu ist nicht viel mehr zu sagen, außer, dass die Lakota-Indianer mit ihrer Weisheit „Wenn du merkst, dass du ein totes Pferd reitest, dann steig ab“ Unrecht haben. Aber mal ehrlich: Indianer leben ja auch in der Natur, und sie können von toten Business-Pferden gar nicht so viel wissen.

Wenn es in Unternehmen tote Pferde gibt, dann hat man als Mitarbeiter ein wahres Füllhorn an Möglichkeiten zur Verfügung. Hier einige Anregungen, die Sie vielleicht auch für sich nutzen und umsetzen können:

1. Sie besorgen eine stärkere Peitsche.
2. Sie wechseln den Reiter.
3. Sie sagen: „So haben wir das Pferd doch immer geritten. Warum klappt das nicht mehr?“
4. Sie gründen eine Projektgruppe, um zu analysieren, was mit dem toten Pferd los ist.
5. Sie besuchen andere Firmen, um zu sehen, wie man dort tote Pferde reitet.
6. Sie schieben eine Trainingseinheit ein, um besser reiten zu lernen.
7. Sie stellen Vergleiche unterschiedlicher toter Pferde an.

8. Sie ändern die Kriterien, die festlegen, wann ein Pferd tot ist.
9. Sie kaufen etwas, das tote Pferde schneller laufen lässt.
10. Sie erklären: „Kein Pferd kann so tot sein, dass man es nicht noch reiten könnte!"
11. Sie überarbeiten die Leistungsbedingungen für tote Pferde.
12. Sie strukturieren um, damit ein anderer Bereich das tote Pferd bekommt.
13. Sie präsentieren mit PowerPoint-Folien, was das Pferd könnte, wenn es noch leben würde.
14. Sie stellen fest, dass andere Firmen auch tote Pferde reiten, und erklären dies zum Normalzustand.

Besser können Sie mit toten Pferden fast nicht umgehen. Außerdem frisst ein totes Pferd kein Heu und kann deswegen schon mal grundsätzlich nicht schlecht sein, oder?!

Tipp 7 Delegieren 2.0 – Abgeben, was abzugeben ist

Haben Sie sich mal gefragt, ob Sie das, was Sie gerade tun, nicht auch jemand anderen tun lassen könnten? Ich meine damit nicht die Dinge, die Sie und nur Sie tun können. Ich meine all die Dinge, die auch Kollegen, Mitarbeiter oder eben jemand anderes erledigen kann. Das Stichwort heißt delegieren oder auch abgeben, was abzugeben ist. Die Frage ist immer, wie macht man es richtig. Die häufigste Antwort, die ich auf meine Frage nach dem Delegieren gerade von Führungskräften bekomme, ist: „Wenn ich es selber mache, dann weiß ich wenigstens, dass es perfekt wird." Diese Aussage erzählt in einem Satz meistens eine ganze Geschichte voller schätzenswerter Versuche, die alle mehr oder weniger fehlgeschlagen sind. Die naheliegenden Schlussfolgerungen sind ganz einfach: „Ich kann eben nicht delegieren, mir kann man es nicht recht machen, meine Mitarbeiter sind zu doof, ich muss alles selber machen" und so weiter ...

Durch meine Praxis im Bereich Kommunikationstraining habe ich Wege gefunden, delegieren zu vereinfachen, zu ermöglichen und erfolgreich werden zu lassen. Der Hauptgrund für nicht funktionierendes Delegieren ist meiner Erfahrung nach Kommunikation im Bereich der Auftragsklärung. Ein einfaches „Machen Sie mal, Sie wissen ja, wie es geht, oder?“ reicht nicht aus. „Aber mein Mitarbeiter hat doch „Ja“ gesagt!“, werden Sie jetzt vielleicht entgegnen. Klar hat er das, er oder sie will ja auch nicht für doof gehalten werden. Eine Frage, die Sie sich stellen könnten, ist, ob es ein klares und bestimmtes „JA!“ war, oder ein eher zögerliches und unsicheres „Joah ...“. Kongruenz in der non-verbalen Kommunikation ist ein anderes Thema. Ich möchte Ihnen hier jedoch eine einfache Frage zur Auftragsklärung anbieten, die ich für sehr hilfreich halte.

„Woran merken Sie, dass ich den Auftrag bestmöglich erledigt habe? Woran merken es andere?“ Diese Frage könnten Sie sowohl als Aufgabenempfänger stellen, als auch demjenigen, der die Aufgabe delegiert bekommen hat. Lassen Sie sich von den Antworten überraschen.

Denken Sie bitte daran, dass das Ergebnis des Delegierens immer auch in Ihrer Verantwortung liegt. Wenn ein Mitarbeiter eine Aufgabe nicht zu 100 % erledigt hat, dann ist das zu einem großen Teil Ihr Thema. Gute Fragen im Rahmen eines Feedback-Gesprächs nach einer delegierten Aufgabe können sein: „Was brauchen Sie das nächste Mal von mir, damit Sie das noch besser erledigen können? Was brauchen Sie von mir? Was von anderen?“

„Wenn du jemandem auf die
Brille trittst, erinnere ihn:
Man sieht nur mit dem Herzen gut."

– Antoine de Saint-Exupéry

Wie muss ich wahrnehmen?

Schön, dass Sie noch dabei sind auf Ihrem Weg zum besten Burn-out aller Zeiten! Ja, ich weiß, niemand hat gesagt, dass es einfach wird. Umso besser finde ich es, dass Sie immer noch Interesse an einem totalen Burn-out haben. Im Folgenden widmen wir uns der Wahrnehmung, oder auch, wie Sie Ihre fünf Sinne benutzen.

Grundsätzlich ist es sehr hilfreich, möglichst immer mit einem Negativfokus ins Büro zu gehen. Profis dehnen das auch auf das Privatleben aus. Das heißt, Sie könnten sich die Brille aufsetzen, die Ihnen immer nur das zeigt, was nicht da ist, was nicht gut läuft und was nicht angenehm ist. Wenn Sie diese Brille dann auch noch nur das sehen lässt, was Sie noch nicht fertig haben und was Sie nicht entspannt, dann ist sie goldrichtig.

Eine berühmte Brille ist die „Haken-Brille“. Besonders beliebt bei Rechtsanwälten, die sich ständig fragen: Wo ist der Haken an der Sache? Das führt manchmal dazu, dass gerade die privaten Beziehungen durchaus interessante Momente haben. Besonders, wenn es gut gemeinte Überraschungen gibt und dann nur die Frage nach dem Haken an der Sache gestellt wird.

Auch bei vielen deutschen Lehrern gibt es ein weit verbreitetes Brillenmodell – die „Fehlerbrille“. Die eingebaute Fragefunktion ist: Wo ist der Fehler? So schreibt ein Schüler vielleicht 100 Wörter richtig und fünf falsch. Und was findet der Schüler als Bewertung: 5 Fehler, 3+. Eine weitere wichtige Funktion bei der Fehlerbrille ist es, nicht auf die Dinge zu achten, die richtig sind. Nur der Fehlerfokus bringt den Stress und lernen tut man doch ohnehin nur durch Schmerz. Deswegen sind Lehrer auch meistens so anstrengende Zeitgenossen, aber mit einem super Burn-out-Potenzial gesegnet, das sie auch beständig ausnutzen.

Das Blackberry-Syndrom

Kommen wir zu weiteren Wahrnehmungsstrategien, die Ihnen beim Burnout helfen können. Machen Sie es schon wie Herr Standard? Der richtet seinen Blick immer auf das, was ihn am meisten stresst. Manchmal findet er sein Problem nicht und fragt sich dann den ganzen Tag, warum er es nicht findet. „Alles andere sind nur halbe Katastrophen – warum sehe ich das große Problem nicht?“, ist ein typischer Gedanke, der durch seinen Kopf geht. Auch beim Hören hat er einen Weg gefunden, der sein Leben schwierig macht. Arbeit darf ja auch nicht leicht sein und sein Leben ist sowieso eines der härtesten. Herr Standard hört immer nur auf die Dinge, die ihn schlecht drauf bringen und die ihn stören. Seine Theorie hierzu ist, dass er schon eine bestimmte Art von Ohr entwickelt hat. Die vier Ohren von Schulz von Thun kennt doch jeder. Das fünfte Ohr von Herrn Standard ist das Problem-Ohr.

Ergänzend würde ich Herrn Standard und auch Ihnen bei all dem, was Sie tun, eine große Fokussierung empfehlen, auch bekannt als Blackberry-Syndrom. Falls Sie es schon vergessen haben sollten, das Blackberry war vor dem iPhone mal der Hoffnungsträger des mobilen E-Mailens. Hier ist man, im Gegensatz zum 19 Zoll Monitor im Büro, gezwungen, sich auf einen winzigen Bildschirm zu fokussieren, was auf dem Weg zum Burn-out die nötige Verengung gibt. Eine Art Gratis-Scheuklappen, die uns die modernen Smartphones kostenlos mitliefern.

Sie sehen also: Beim Thema Wahrnehmung können Sie jede Menge richtig machen, besonders, wenn Sie das Falsche für sich herausfiltern.

Tipp 8 Defokussieren – Erweitern Sie Ihren Fokus

Flexibilität hat ihren Ursprung im eigenen Stresserleben und hat viel mit dem eigenen Denken und der eigenen Wahrnehmung zu tun. Wenn Menschen auf ein Thema bzw. auf ein Problem fokussiert sind – wobei die Fokussierung mit Stress gleichzusetzen ist –, dann nimmt ihre Flexibilität ab. Die Fokussierung auf das Problem war in der Steinzeit ein sehr effektiver Mechanismus zum Überleben, weswegen dieser „Mechanismus" auch so stark im Menschen ausgebildet ist. Die einhergehende Stressreaktion hat früher unmittelbar geholfen, Energie zu mobilisieren, um vor dem oft zitierten Säbelzahntiger flüchten zu können. Was früher sinnvoll war, ist es heute leider oft nicht mehr. Was Sie gegen das Fokussieren tun können? Oftmals hilft es schon, den eigenen Fokus zu erweitern, um entspannter zu werden.

Das Erweitern des Fokus kann man auch als Defokussieren bezeichnen. Eine kleine Übung könnte sein, dass Sie sich einen Punkt im Raum suchen, auf den Sie schauen. Und während Sie auf den Punkt schauen, nehmen Sie auch noch wahr, was oben und unten, was rechts und links vom Punkt zu sehen ist. Erweitern Sie so immer mehr und mehr den Bereich Ihrer Wahrnehmung, wobei Sie immer noch auf den Punkt schauen. Während Sie Ihre visuelle Wahrnehmung erweitern, können Sie vielleicht zur gleichen Zeit auch noch hören, was es zu hören gibt, und was noch, und was noch – alles zur gleichen Zeit. Wenn Sie sich dann mit diesem weiten Fokus Ihrer Arbeit widmen, dann sehen Sie die Lösungen, die sich manchmal verstecken. Außerdem haben Sie einen erheblich gesteigerten Zugang zu Ihren eigenen Ressourcen.

Tipp 9 Die eigenen Muster des Gelingens bemerken und nutzen

Was würden Sie sagen, wenn ich Sie frage: „Was können Sie gut? Worin sind Sie wirklich gut? Was sind Ihre Fähigkeiten und Talente?" ... außer „Nix". Wenn Menschen das gefragt werden, dann reagieren sie in der Regel mit Scham, und sofort kommt der alte Ausspruch der Eltern und Großeltern in den Kopf: „Eigenlob stinkt!" Zum Thema Lob komme ich später noch mal, jetzt erst mal zu den Auswirkungen, die es hat, wenn ich nicht auf das schaue, was ich gut kann bzw. ich es nicht ausspreche. Was passieren könnte ist, dass man kein Gefühl dafür bekommt, sich selbst einzuschätzen bzw. zu lernen, wie das, was man gerade getan habe, einzuschätzen ist. Sicherlich bekommen wir alle immer mal Rückmeldungen zu unserem Verhalten. In der Regel aber eher von der Kategorie „Das macht man nicht ...".

Wenn Sie also lernen wollen, wie Sie Ihre Muster des Gelingens für sich bemerken können, dann hilft es, neben einer höheren Bewusstheit und einem genaueren Erkunden Ihres Denkens, sich zu fragen, was andere über Sie sagen würden. Also, was würden wohlmeinende Freunde und Bekannte sagen, was Sie gut können? Was würden Sie zu Ihren Talenten sagen? Welche Fähigkeiten würden Sie Ihnen zuschreiben und im besten Sinne unterstellen?

Eine kleine Übung, die ich meinen Klienten immer wieder anbiete, ist das Lernen von sich selbst. Die Grundfrage hierbei ist: „Wie schaffen Sie es, etwas Bestimmtes gut zu machen, zu schaffen, zu bewältigen?" Weitere Fragen, die Ihnen Ihre Muster des Gelingens näher bringen können, sind: „Wie müssen Sie wahrnehmen, was müssen Sie sich sagen – innerlich?" „Wie müssen Sie denken, wie atmen und welche Haltung brauchen Sie für dieses Gelingen?" Gelingen finde ich ohnehin eines der schönsten Wörter – ist es nicht ein herrliches Gefühl, wenn etwas gelungen ist?

Probieren Sie es einfach aus, Sie werden erstaunt sein, dass sich bestimmte Muster immer wiederholen.

Ein Beispiel: Einem Klienten von mir gelang es sehr gut, berufliche Ziele schnell umzusetzen. Er schaffte es aber immer wieder, in seinem Privatleben gesetzte Ziele nicht zu erreichen. Das war umso erstaunlicher, als er bei seinen beruflichen Zielen oft genug nicht alle Wohlgeformtheitskriterien (siehe Tipp 8 – realistische Ziele) erfüllen konnte. Daran lag es also nicht. Ich fragte ihn, wie er seine beruflichen Ziele denkt und was er sich dabei sagt. Ja, Sie haben richtig gelesen: WIE denkt er seine Ziele – eine ungewöhnliche Beschreibung, die aber auf gute Weise die Struktur des Denkens erkundet und deutlich macht. Wir fanden schnell heraus, dass er seine beruflichen Ziele sehr viel strukturierter und in kleineren Abschnitten denkt. Außerdem hat er sich selbst beim Arbeiten immer wieder angefeuert, „ja, sehr gut, ...". Bei seinen privaten Zielen sah er nur einen großen Berg Arbeit – ohne einen klaren Startpunkt. Dazu waren seine inneren Dialoge alles andere als wertschätzend. Mit diesen Erkenntnissen waren zukünftige private Projekte kein Thema mehr, sehr zum Erstaunen seiner Frau, die sich über die Ergebnisse freute.

Mit ein wenig mehr Achtsamkeit könnte es sein, dass Sie mehr und mehr Ihre eigenen Talente, Fähigkeiten und Kompetenzen bemerken, die sich in Ihren Mustern des Gelingens zeigen. Wenn Sie diese wie eine Pflanze pflegen und ihnen Raum zum Wachsen geben, werden Sie mit der Zeit der werden, der Sie sind. Meiner Meinung nach kommt Beruf von Berufung und die steht in unmittelbarem Zusammenhang mit den eigenen Kompetenzen und Fähigkeiten eines jeden Menschen.

„Genügt das Leid
von heute nicht,
vermehre es um den
Schmerz von gestern
und um die Angst
vor morgen."

– Byron Katie

Welche emotionale Kultur muss ich haben?

Wie kann ich meinen Körper nutzen, um Stress zu verstärken und mehr Stress zu erzeugen? Wie bekomme ich einen hohen Stresspegel in mein System? Welche Haltung ist dafür hilfreich?

Auf die Haltung kommt es an – und man muss auf sein Bauchgefühl hören. Das sind zwei Grundwahrheiten, die durch ganze Seminarreihen von Softskill-Themen, Kommunikation und auch Empathie-Schulungen hindurch gelehrt werden.

Fangen wir mal mit dem Bauchgefühl an. Sich in Stress zu versetzen ist die emotionale Kultur, die in Firmen überall präsent ist. Es geht doch um das Bauchgefühl. Du musst den Stress fühlen – den Kloß im Bauch wahrnehmen und ihn wie einen noch zu verdauenden Nachtisch auf seinem Weg durch den Büro-Verdauungstrakt begleiten. Der Körper meldet Stress auf eine bemerkenswerte Art und Weise zurück – im Brust- oder Bauchbereich, wahrscheinlich eher zusammenziehend und dunkel, dazu eher hart und kalt, vielleicht aber auch heiß. Somit wissen wir schon mal, worauf es beim Stress zu achten gilt, nämlich auf die unangenehmen Körperempfindungen. Wenn man jetzt noch auf diese schlechten Emotionen ein wenig mehr achtet, dann könnten Sie sich auch viel Zeit nehmen, um zu hinterfragen, warum Sie sich heute wieder alles andere als wunderbar und herrlich fühlen. Herr Standard befolgt das seit einiger Zeit immer mehr. Er findet auch möglichst viele Begründungen, unabhängig von Sinn und Verstand, es lebe der menschliche Kausalzwang.

Ein weiterer, ganz gefährlicher Stresskiller ist das Lächeln, oder noch schlimmer sogar, ein Lachen. Wenn man so durch die Firmen geht, wird einfach noch zu viel gelächelt. Was die Lächelnden nicht wissen, ist, dass durch das Lächeln Stress abgebaut wird. Nun könnte man als Burn-outler ja sagen: „Mir doch egal!“, leider funktioniert unser Körper aber anders. Wir werden allzu oft gezwungen mitzulächeln. Schuld sind die Spiegelneuronen (ein im Gehirn vorhandenes Gefühlssynchronisationssystem), wir können nichts dafür. Wenn Sie die vielen Lächelnden und schlimmer noch Lachenden in Ihrer Firma stören, dann machen Sie es wie Herr Standard. Bitten Sie den Betriebsrat um einen Raum im Keller, wo in Ruhe gelacht werden kann, ohne die anderen damit zu belästigen. Schließlich ist Arbeit eine ernste Angelegenheit und darf niemals Spaß machen.

Um das Thema der emotionalen Kultur dann auch gut sein zu lassen, möchte ich Ihnen noch eine weitere Strategie empfehlen, die sehr wichtig ist für möglichst viel Stress. Sagen Sie bitte nicht, ich fühle mich traurig oder ich bin wütend. Das ist noch zu differenziert. Besser ist eine generelle Aussage: „Ich fühle mich schlecht“. Das reicht, mehr braucht es nicht.

Kennen Sie eigentlich Menschen, denen Wetter schlechte Laune macht? Oder besser noch, hat Ihnen jemand oder etwas mal schlechte Laune gemacht? Wunderbar, dann wissen Sie, wovon ich spreche. Jetzt gibt es ganz schlaue Menschen, die versuchen Ihnen einzureden, dass Sie selbst für Ihre Gefühle verantwortlich sind. Angeblich erzeugen wir die Wirklichkeit in uns, sodass nur die Art, wie wir mit Dingen in Beziehung gehen, dazu führt, wie wir uns fühlen. Ich rate von solchen Betrachtungen pauschal ab. Das gibt Ihnen zu viel Selbststeuerung und Eigenverantwortung. Einfacher und förderlicher für einen wirklich anständigen Burn-out ist die ganz simple Erkenntnis: Die Welt macht was mit mir. Fühlt sich doch alles schon viel leichter an. Sie haben damit dann auch die Eigenverantwortung einfach zu Hause gelassen, gut verstaut in einer Kiste im Keller.

Auf die Haltung kommt es an

Sie fragen sich vielleicht gerade, wie Sie Ihren Körper noch nutzen können, um möglichst viel Stress zu erzeugen? Da haben Sie Glück, dass Haltung und Atmung so eng mit dem eigenen Erleben verknüpft sind. So würde man nie auf die Idee kommen, dass jemand mit tiefer Bauchatmung und einer entspannten Körperhaltung in einem schlechten Zustand wäre, oder? Dazu möchte ich Ihnen zwei Varianten anbieten, wie Sie Ihren Körper für die Stresserzeugung nutzen können. Die erste Variante ist am einfachsten: Atmen Sie, und zwar möglichst flach und im oberen Brustbereich. Schön gepresst und mit viel Anspannung. Bitte keine tiefe Bauchatmung, die entspannt sofort. Die zweite Variante ist Ihre generelle Körperhaltung. Hier können Sie sich aussuchen, ob Sie nur die Schultern ganz nach oben ziehen, man könnte sagen, die Schultern als Ohrringe tragen, oder ob Sie generell einfach den Kopf hängen lassen wollen? So oder so weiß es der Volksmund: Wie man geht, so geht es einem. Und so, wie es einem geht, so geht man.

Also bitte keine tiefe Bauchatmung und auch nicht die Schultern locker hängen lassen, das könnte Sie noch entspannen. Sollten Sie das bei sich oder anderen bemerken, weisen Sie sie ruhig darauf hin – die Körperhaltung ist schließlich leicht zu verändern.

Tipp 10 Der Körper als Rückmeldehelfer und ein Weg, etwas zu verändern …

Etwas, das mich immer wieder fasziniert, ist die Art und Weise, wie unser Körper weiß, was für uns gut oder nicht so gut ist. Ich spreche vom sogenannten Bauchgefühl. Dieses ist streng genommen ein Brust-Bauch-Gefühl, da die Antwort unseres Körpers auf die Bilder oder Filme im Kopf immer ihren Ursprung im Brust- oder Bauchbereich haben. So lassen sich auch die Redensarten erklären wie: Es schlägt mir auf den Magen, es strahlt aus meinem Herz heraus oder es schnürt mir die Brust zusammen.

Eine Möglichkeit, eine bessere Achtsamkeit sich und seinem Körper entgegenzubringen, ist, auf diese Rückmeldungen des Körpers zu achten. Wenn Sie also der Meinung sind, dass es Ihnen gerade gut oder schlecht geht, dann fragen Sie sich doch mal: Wo ist eine Empfindung dazu im Körper? Wo hat das Gefühl seinen Ursprung? Normalerweise nur im Bereich Brust oder Bauch – tiefes Gefühl der Freude wird nicht im kleinen Finger seinen Ursprung haben. Sagen Sie vielleicht ein paar Mal „Freude“ ... erinnern Sie sich an eine freudige Situation und prüfen Sie mal, wie Sie atmen, wenn Freude in Ihrem Körper fühlbar ist.

Eine weitere für mich wichtige Erkenntnis lautet, dass es einen Zusammenhang gibt zwischen dem Zustand, in dem wir sind, wie wir atmen und wie unsere Haltung ist. Was Sie sich jetzt fragen könnten: Wie atmen Sie, wenn es Ihnen gut geht? Ist das eher eine flache Brustatmung oder eine tiefe Bauchatmung? Und wo sind Ihre Schultern? Sind Sie eher angespannt oder entspannt?

Wenn Sie dieses Körperwissen ein wenig bewusster werden lassen, dann werden Sie auch schneller bemerken, wenn Ihr Körper Ihnen ein Feedback zum Wohlbefindens- oder Stress-Level gibt.

„Lebe jeden Tag so,
als ob es regnen würde.“

– Irisches Sprichwort

Die innere Welt, die ich mir mache, wie sie mir gefällt

Es ist mal wieder so ein Tag – am besten ein Montag. Nach dem viel gelesenen TGIF (Thank God It's Friday) und einem viel zu kurzen Wochenende geht es wieder los. Der ungeliebte Montag und mit ihm 5 + X lange Tage voller Schmerz, Leid und der Möglichkeit, im besten eigenen Sinne etwas für Ihren Burn-out zu tun. Wenn Sie klug waren, dann haben Sie schon das Wochenende genutzt, um sich bestmöglich auf die Woche vorzubereiten. Ideal ist, gleich durchzuarbeiten – so machen es die Profis. Wer braucht ein oder zwei freie Tage, wenn diese doch nur unnötigerweise den Stresslevel senken? Wenn Sie es aus irgendwelchen Gründen nicht schaffen sollten, am Wochenende zu arbeiten, so können Sie wenigstens an Ihre Arbeit und hier besonders intensiv an Ihre Probleme, die Sachen, die anstrengend waren oder werden, denken. Ja, genau, ist es nicht herrlich, dass wir Menschen, um ein schlechtes Gefühl zu bekommen, gar nicht wirklich mitten im Problem sitzen müssen? Wir können den Mist auch riechen, wenn wir nur dran denken.

Ihr inneres Kino

Kommen wir im Detail zu Ihren Business-Horrorfilmen und der gedanklichen Galerie des Grauens, zu all den schönen Bildern, die in unserem Kopf nur darauf warten, uns ein schlechtes Gefühl zu machen. Ja, so funktionieren wir.

Wir reagieren auf unsere Vorstellung der Dinge, nicht auf die Dinge selbst. Für Sie hat das den Vorteil, dass die Realität eigentlich ganz ok sein kann – Sie sich aber trotzdem schlecht fühlen können. Vielleicht ist die Welt um Sie herum sogar einfach wunderbar, voller Sonne und Leben – Ihre innere Welt müssen Sie sich davon noch lange nicht beeinflussen lassen.

Aber mal genauer – hier eine kleine Anleitung von einem erfahrenen Regisseur, der auf solche negativen Filme und Bilder spezialisiert ist. Hilfreich ist es, andere Menschen groß zu machen und sich selbst möglichst klein. Sollten Ihr Chef, unliebsame Kollegen oder auch Kunden, die keine Könige sind, nicht genug Wirkung auf Sie haben, dann machen Sie diese groß. Und noch größer. Machen Sie generell Probleme groß, geben Sie Ihnen Raum. Dazu machen Sie sich in Ihrer Vorstellung klein. Wenn Sie klein sind, dann sind Sie vielleicht auch jünger und schwächer – was immer sehr hilfreich ist für die Vermeidung von Kommunikation auf Augenhöhe. Apropos Augenhöhe – Sie könnten die Personen und Probleme auch mal weiter nach oben schieben in Ihrem inneren Raum, das erhöht die Wirkung ungemein. Dazu sollten Sie möglichst alles dunkel machen. Je mehr Licht Sie ausschalten, desto mehr Energie sparen Sie. Sein eigenes Licht leuchten zu lassen ist hier absolut kontraproduktiv – wenn Ihnen andere Menschen sagen, dass Sie strahlen, dann ist das umso gefährlicher, weil das auch heißen könnte, dass es in Ihnen hell und leuchtend ist.

Da wir gerade beim Sparen sind: Verzichten Sie auch auf Farbe und Schärfe, Schwarz-Weiß ist Trumpf. Spätestens seit Alfred Hitchcock wissen wir, dass Farbe in einem guten Horrorfilm nichts zu suchen hat.

Tipp 11 Es ist alles nur in meinem Kopf

Sie kennen vielleicht das Lied von Adel Tawil: „Es ist alles nur in meinem Kopf". Was soll ich sagen? Er hat recht! Menschen reagieren auf ihre Vorstellung der Welt, nicht auf die Welt an sich.

Ich will das an einem Beispiel deutlich machen. Nehmen wir mal an, Sie haben einen schönen Garten, gepflegt und einfach so, wie ein repräsentativer Garten sein muss. Vielleicht könnte er sogar als Kulisse für einen Werbespot dienen. In diesem Garten wollen Sie eine Party veranstalten, mit allem, was dazugehört. Weiße Tischdecken, ein grandioses Grillbuffet und Gäste in leichter Sommerkleidung. So weit, so gut. Wenn dann die Sonne scheint und es abends einfach herrlich lau ist, dann wird das die Party des Jahres. Wenn nicht der Regen kommt. Mal ehrlich, das würde Ihnen schlechte Laune machen, oder?! Alles nach drinnen verlagern, die Menschen kommen nass rein, vorbei die schöne Planung. Da stört der Regen – was für ein Mistwetter!

Hier nun noch eine zweite Version. Denken Sie bitte noch mal an Ihren repräsentativen Garten. Ja, den Garten mit Werbespotkulissenqualitäten. Dann stellen Sie sich bitte vor, dass genau dieser Garten für 10 Wochen ausschließlich das perfekte Gartenpartywetter bekommt. Sonne satt, Trockenheit, Wärme und dazu keinen Regen. Alles wird trockener und trockener. Wenn dann der erste Regen kommt und Sie förmlich Ihren Rasen frohlocken hören, die Bäume das kühle Nass wie ein Schwamm aufsaugen, dann wissen Sie, dass es nicht das Wetter ist, was Ihnen schlechte Laune macht, sondern die Art, wie Sie darüber denken.

Ich persönlich habe mich in meiner Jugend immer über Regen gefreut und wurde oft und gerade im Sommer bei einem Regenguss für mein „Endlich gutes Wetter!" komisch angeschaut. Es ging mir in dieser Situation jedoch nicht um den Regen. Es ging mir um die Luft, besser um die nicht mehr in der Luft vorhandenen Pollen der Gräser, Sträucher und Bäume. Ich war lange Jahre gegen so ziemlich alles allergisch, was der Arzt im Allergietest zu testen hatte. Regen bedeutete für mich durchatmen und ein paar Stunden ohne rote Augen, Niesen und Jucken.

Zusammenfassend heißt das, dass die Welt um uns herum nicht etwas mit uns macht. Ja, ich weiß, dass das in den 80er Jahren und auch leider immer noch bei vielen Menschen, manche Coaches, Trainer und Therapeuten eingeschlossen, eine sehr beliebte Frage war und ist: „Und was MACHT das mit Dir?" Wenn ich diese Frage höre, kräuseln sich meine Fußnägel. Sie nimmt dem Menschen seine Selbststeuerung und beraubt ihn seiner Verantwortung. Sind die anderen schuld, dass es mir schlecht geht, dann kann ich da nichts für. Ich armes Wesen – wie die Kugel im Flipperautomaten des Lebens kann ich nur passiv ertragen, was mit mir gemacht wird.

Fragen Sie sich bitte immer, wenn Sie der Meinung sind, dass etwas oder jemand Ihnen ein schlechtes Gefühl macht, wie SIE es schaffen, dass es Ihnen schlecht geht. Wie müssen Sie denken? Welche Bilder müssen Sie haben? Mit welchem Filter/Blick auf die Welt müssen Sie sehen, mit welchem Ohr hören? Mit welcher Muskelspannung und Körperhaltung müssen Sie fühlen, wie müssen Sie atmen? Beobachten Sie sich selbst und die anderen – so kommen Sie Ihrem Denken auf die Schliche, Ihren inneren Bildern und Filmen und haben die Chance, diese zu erkennen und etwas zu verändern.

Gehen Sie doch jetzt mal Ihr Filmarchiv durch. Aber bitte nur die Business-Horrorfilme, oder auch die sogenannten B-Movies mit schlechter Kameraführung und noch schlechteren Schauspielern. Diese brauchen Sie für einen super Stress-Level. Am besten die Filme und Diashows, die nicht abschaltbar sind. Immer wieder laufen diese Schleifen ab – und warum sollten wir es nicht zu schätzen wissen, dass wir mittlerweile die Handlung blind und im Schlaf mitspielen können? Wir wissen vorher, was geschieht – und das hat gar nichts mit Gedankenlesen zu tun. Wir glauben es nicht, wir wissen es. Es war doch immer so und warum sollte sich jetzt gerade etwas daran ändern. Diese Art zu denken ist gut gelernt und im Gehirn bestmöglich ausgebildet. Was früher nur ein Gedankenmuster in Form eines kleinen Trampelpfades war, ist mittlerweile eine sechsspurige Denk-Autobahn.

Eine berechtige Frage wäre jetzt, was Herr Standard tun könnte, um seinen idealen Weg zum besten Burn-out aller Zeiten noch schneller zu gehen. Ich würde ihm raten, seine negativen Filme durchzugehen. Die können eigentlich den ganzen Tag laufen. Genau wie das Fernsehen, was vielen Menschen ein steter Begleiter ist. Aber Vorsicht: Das Programm im TV ist zu gut. Selbst RTL2 mit Frauentausch & Co. macht eher Mut, als dass es einen runterzieht.

Wenn Herr Standard mit den Filmen „durch“ ist, könnte er ergänzend noch seine fiesen Fotoalben anschauen. Die schlechten Situationen des Lebens, als er unglücklich war und als es ihm richtig schlecht ging. In der Regel reicht bei ihm und bei anderen Menschen immer ein Bild oder ein Stichwort und das Fotoalbum liegt offen vor einem. Die schönen Momente des Lebens, voller Ressourcen, Wohlbefinden mit einem breiten Lächeln und tiefer Bauchatmung schließt das natürlich aus.

Harmonie muss nicht sein

Das kann man auch im Privaten nutzen. Eine gute Strategie gegen zu viel Harmonie in der Partnerschaft kann sein, sich die unangenehmen Bilder aus der aktuellen oder den vergangenen Beziehungen anzuschauen. Das Tückische an unserem Gehirn ist nämlich, dass es von Natur aus Situationen optimiert. So wird aus einer schlechten Beziehung schnell mal eine „Na so schlimm war es gar nicht, mein Expartner hatte auch seine/ihre guten Seiten“-Erinnerung. Das liegt daran, dass wir in Beziehungen nur dann gemeinsame Fotos machen, wenn wir glücklich sind. Oder wir lassen nach einem schönen Streit die Versöhnung alle schlechten Dinge überdecken. Deswegen hier ein Tipp, auch mal Fotos zu machen, wenn man sich gerade streitet oder gestritten hat – das hilft Ihnen beim späteren Erinnern.

So, zurück zum Thema Stress und was Sie noch tun könnten, um öfter Stress zu haben. Kommen wir noch mal kurz zu Ihren Bildern, genauer gesagt zu Ihren Zielbildern. Merken Sie sich bitte, dass Stress dadurch entsteht, dass es einen Abgleich zwischen IST und SOLL gibt. Das heißt, Sie brauchen ein Zielbild, einen Zielfilm, der möglichst hell strahlend und groß ist, mit einer magischen Anziehungskraft – UND Sie dürfen weder Zielbild noch Zielfilm erreichen. Wenn Sie erreichen, was Sie sich vorgenommen haben, schüttet Ihr Körper am Ende noch Belohnungen in Form von körpereigenen Drogen aus. Fatal wäre es, sich dann mit einem Seufzen und einem tiefen Atemzug zurückzulehnen oder sich am Ende noch zu belohnen. Wichtig ist auch hier: Machen Sie das Zielbild möglichst attraktiv und dazu auf jeden Fall nicht erreichbar. Riesig groß sollte es sein. Sie sollten nur dann ein wenig zufrieden sein, wenn Sie das Ziel zu 100 % (besser sind eher noch 110 bis 127,5 %) erreicht haben. Bedenken Sie bitte, dass Sie sonst gescheitert sind. Wie schon so oft im Leben. Ein Happy End, wo der Prinz die Prinzessin rettet und Sie gesund und glücklich ein langes Leben führen, das gibt es, aber wenn, dann nur für die anderen und nicht für Sie.

Tipp 12 Lassen Sie „Fünfe" gerade sein

Kennen Sie diese ganz genauen Menschen? Erbsenzählen wird Ihnen nachgesagt und immer muss alles 100 % sein. Nie können Sie mal großzügig über eine kleine Ungenauigkeit hinwegsehen. Immer ist es ein winziges Detail, was die 99,98 % kaputt macht, 99,98 % sind eben nicht 100 %.

Eine gute Strategie, um Stress zu regulieren und mit herausfordernden Situationen umzugehen, ist, auch mal „Fünfe" gerade sein zu lassen. Natürlich gibt es hier Ausnahmen. Es geht um das Thema Flexibilität und Toleranz. Oftmals haben wir keine Toleranz uns selbst gegenüber, was einfach schade ist und uns viele Freiräume nimmt. Vielleicht können Sie sich ja auf die gute alte Pareto-Regel zu besinnen – diese beschreibe ich am Ende des Buches ausführlicher. Kurz gesagt reichen oft 20 % der Arbeit für 80 % des Ergebnisses. Wollen wir 100 % erreichen, so ist der Weg von 80 zu 100 erheblich länger und aufwendiger.

Vielleicht fragen Sie sich jetzt einmal, wo diese 80 % in Ihrem Leben reichen würden und was Sie mit der Zeit anfangen, die Sie nicht für den Weg zu 100 % benutzen.

Oldies but Goldies

Zusammenfassend kann man sagen: Am besten nicht nach außen schauen, sondern nur immer im Inneren die schon bekannten Filme wiederholen.

Da kennen Sie die Pointen, da wissen Sie, wie es ausgeht, nämlich nicht gut, und das gibt Sicherheit. Außerdem wird Sie auf diese Weise garantiert Ihre Umgebung bemitleiden und Ihnen Aufmerksamkeit spenden. Das Ganze auf Knopfdruck. Besonders gut ist dieser Knopf auch geeignet, wenn Sie mal wieder der Meinung sind, es ginge Ihnen zu gut. Schließlich haben wir gelernt, dass es uns nicht zu gut gehen darf, oder etwa nicht? „Kind, lerne leiden, ohne zu klagen" war der Lieblingsspruch einer meiner Omas. Leiden müssen wir und das möglichst auf hohem Niveau. Und wenn es im Außen nichts gibt, worüber Menschen klagen können, dann doch wenigstens über ihr inneres Kino.

Tipp 13 Der gute Umgang mit sich selbst

Weniges ist für einen Menschen schwieriger, als die eigene Endlichkeit zu akzeptieren und mit sich selbst gut umzugehen. Oftmals sind es alte Glaubenssätze und eigene verschobene Wahrnehmungen, die uns immer wieder schmerzhaft mit den eigenen Grenzen in Kontakt bringen. Angenehmer könnte das Akzeptieren der eigenen Endlichkeit und der liebevolle Umgang mit sich selbst sein. Wenn Sie dann noch mit großer Lust das eigene Scheitern entdecken – im Sinne von „selbst, wenn es nicht funktioniert, bin ich immer noch ok", dann haben Sie für sich schon mal eine Nulllinie gefunden, auf der Sie aufbauen können. Der Effekt könnte sich darin zeigen, dass ein unbeschwertes Sein möglich wird und Ihre Leistungsfähigkeit in der Regel noch weiter erhöht wird. Abschließend noch ein Satz, der mir immer geholfen hat: „Seien Sie nett zu sich selbst, Sie brauchen sich noch ein Leben lang." bzw. frei nach Oscar Wilde: „Die Beziehung zu sich selbst ist eine lebenslange Romanze."

Weitere Ideen zum guten Umgang mit sich selbst finden Sie im letzten Kapitel: „Die Lust am Scheitern entdecken – und der beste Platz für die Selbstgeißelungspeitsche".

„Wir müssen die
Menschen dort abholen,
wo sie stehen,
und dorthin rudern,
wo sie nicht mehr
stehen können.“

– Friesischer Spruch

Gut, dass wir darüber gesprochen haben.

Was hat Sprache mit Burn-out zu tun und wie müssen Sie sprechen, um Ihrem besten Burn-out aller Zeiten noch näher zu kommen?

Böse Zungen behaupten, Burn-out folge auf eine komplette Nicht-Kommunikation mit dem eigenen System. Sie sprechen davon, dass der eigene Körper diesen letzten Weg als eine Art Feedback nutzt. Das ist dann so deutlich, dass es nicht überhört werden kann.

Mal ehrlich, der Körper kommuniziert mit uns? Das klingt doch sehr esoterisch, als ob jede Schlafstörung, jedes kleine Zipperlein oder vielleicht sogar Symptome etwas zu bedeuten haben? Es würde auch heißen, dass man es sogar merken könnte, wenn man kurz vorm Burnout steht? Das wiederum würde mir dann doch wieder Mut machen, schließlich weiß man ja nie so genau, wann es endlich soweit ist. Also, was muss der Körper sagen? Reichen schon massive Schlafstörungen? Damit sind nicht mal ein paar kurze Nächte gemeint, oder auch die schönen nervösen Ticks und Zuckungen. Was braucht es alles? Herzklopfen, Unruhezustände oder einfach nur wenig bis gar nichts, worüber wir uns freuen können?

Nicht-Kommunikation für Fortgeschrittene

Bevor wir uns mit uns selbst beschäftigen, hören wir vielleicht erst mal auf die Art der Kommunikation mit anderen, die im besten Sinne förderlich für einen totalen Burn-out ist. Eine Frage, die Sie sich stellen könnten, ist: Wie muss ich nach außen kommunizieren, um meinen Stress-Level noch weiter zu erhöhen? Hilfreich ist es, jeden anzuklagen und andere zu beschuldigen.

Schuld abladen ist ein grandioses Mittel, Verantwortung für Misslungenes zu umgehen. Am besten geben Sie sich dabei möglichst viele Blößen – Scham ist ein tolles Gefühl, verursacht Stress und aktiviert Ihr Schmerzzentrum.

Eine gute Frage ist außerdem, wie Sie mit sich selbst, also nach innen, sprechen können. Jeder Mensch spricht mit sich selbst. Die inneren Dialoge sind hochwirksam für das eigene Unwohlsein. Sprechen Sie also mit sich selbst! Beschuldigen Sie sich und reden Sie möglichst schlecht mit sich. Innere Dialoge können ungefähr so klingen: „Du taugst nichts", „mach schon", „schneller", „schau dich doch mal an", ...

Ist es nicht wunderbar, wie gut sie uns antreiben können? Immer die gleichen Schleifen, wie ein Charthit im Radio! Sehr wirksam ist auch, diese Stimmen möglichst laut klingen zu lassen. Fortgeschrittene variieren die Richtung dieser inneren Stimmen so lange, bis sie uns möglichst effektiv ein schlechtes Gefühl machen. Also, wenn die inneren Stimmen zu Ihnen sprechen, dann doch bitte von oben auf Sie herab – am besten in den Nacken – wie damals unsere meistgehassten Lehrer, die uns von genau dort auf unsere Fehler hingewiesen haben.

Und wenn Sie schon diese inneren Stimmen besitzen, dann könnten Sie diese auch noch mit einem Namen und einem Bild versehen. Da sind sie also, Ihre inneren Teile: Ihren Schweinehund kennen Sie vielleicht schon länger. Er ist der Freund des Burn-out, wenn er Ihnen partout keine Erholung erlaubt! Wenn er aber dafür sorgt, dass Sie möglichst lange im Büro bleiben, um dann nach Hause auf die Couch mit Alkohol und Süßem zu kommen, dann hören Sie auf den Schweinehund. Tun Sie alles, was er sagt!

Allgemein noch einige Dinge, auf die Sie in Ihrer Kommunikation achten können. Suchen Sie sich eine Person, mit der sie möglichst gut über die Welt lästern können und in solidarischer und negativer Art und Weise alles Schlechte teilen. Geteiltes Leid ist doppeltes Leid! Meiden Sie Kontexte, in denen man einfach nur so sitzt und redet, beschimpfen Sie diese Menschen als wertlose Nichtstuer. Mal ehrlich, das ist doch verschwendete Zeit, in der nur der Stress-Level sinkt. Hilfreiche Vorbilder sind diese Menschen jedenfalls nicht. Versuchen Sie außerdem wenig zu differenzieren, machen Sie keine Unterschiede. Verwenden Sie Begriffe wie „immer", „nie", „jeder", „keiner", usw. – Generalisierungen machen das Leben viel einfacher!

Tipp 14 Anerkennung und Lob für die eigene Arbeit bekommen

Eine meiner ersten Fragen in Kommunikationsseminaren für Führungskräfte lautet: „Loben Sie genug?“ Die Antwort ist meistens „Nein, wir werden ja auch nicht gelobt!“, dicht gefolgt von „Nicht geschimpft ist genug gelobt“, einer weit verbreiteten Meinung, die leider immer noch in Unternehmen vorherrscht. Dabei ist Lob eine der einfachsten Möglichkeiten, einem Mitarbeiter etwas Gutes zu tun. Ein wohl platziertes Lob trägt durch Tage und Wochen – die Arbeit wird noch besser und Mitarbeiter werden sogar nachweislich gesünder, wenn Sie regelmäßig gelobt werden.

Wie aber richtig loben? Eine Idee dazu könnte sein, dass Sie Feedback geben oder nehmen können – was dann als Lob wirkt bzw. Sie es als solches verwenden. Mit gezielten Fragen (z. B. „Was war gut an meiner Arbeit?“ und „Was kann ich das nächste Mal noch besser machen?“) können Sie aktiv eine Feedback-Kultur gestalten. Die Anerkennung und das Lob kommen dann in der Regel von ganz alleine, vielleicht oder auch gerade in Form eines einfachen „Danke“. Viel Vergnügen beim Loben, es tut Ihnen genauso gut wie den Gelobten.

Sagen sie „NEIN“ zum Leben statt „JA“

Ja und Nein sind die Zauberwörter der Neuzeit. Sagen Sie bitte „Ja“ zu allem, was andere von Ihnen wollen. Völlige Selbstvergessenheit ist wunderbar! Ein generelles „Nein“ sagen Sie bitte zu allem, was Ihnen wichtig ist. Wahre Profis nutzen die generelle Nein-Haltung zu den eigenen Bedürfnissen. Das ergänzt die Kommunikation in bemerkenswerter Weise. Gerade Frauen sind Profis, was die eigenen Bedürfnisse und deren konsequente Missachtung angeht. Was wir jedoch alle brav in der Jugend gelernt haben, ist, dass nur dann, wenn wir zu anderen immer JA sagen und zu unseren Bedürfnissen immer NEIN, wir von allen gemocht werden. Darum geht es doch auch beim besten Weg in den Burn-out, beliebt zu sein, damit man dann auch von möglichst vielen bemitleidet wird.

Super ist die Nein-Haltung auch in Form unserer berühmten inneren Stimmen. Mit voller Stimme klingen die Chöre: „Das schaffst du nicht!", „Das kannst du eh nicht!", „Das verstehst du nicht!". Achtung! Meiden Sie jegliche inneren Stimmen, die Ihnen Mut machen, die Ihnen gut zureden, die am Ende noch solche Dinge sagen wie: „Du packst das schon!" oder „Komm schon, das wird ein Erfolg!" oder am allerschlimmsten „Du bist ok so, wie du bist!". Machen Sie diese auf keinen Fall laut und gut zu verstehen. Stellen Sie sich auf keinen Fall vor, wie Ihnen ein ganzes Stadion zujubelt und positive Sätze zuruft!

Tipp 15 Die Macht der Ja-Haltung

„Ja" ist eins der machtvollsten Wörter, die es gibt. Es steuert das Gehirn und aktiviert Ihre Ressourcen. Nicht von ungefähr gibt es im Bereich der Ratgeberliteratur Unmengen an Werken, die Sie „Ja" zu allem Möglichen sagen lassen: zum Leben, zur Veränderung, zur Sonne, zum Schlaf, zur Entspannung und so weiter.

Was aber ist dran an diesen beiden Buchstaben? Sie können das ganz einfach probieren. Vielleicht haben Sie demnächst ein Meeting, auf das Sie schon jetzt keine Lust haben. Oder Sie bekommen etwas zu lesen, wo Sie vorher schon wissen, dass es schwierig sein wird, den Text zu verstehen. Was auch immer es ist – ich nehme an, dass Ihre inneren Dialoge ungefähr so klingen: „So ein Mist, darauf habe ich keine Lust." Das steuert Ihr Gehirn. Auch Worte aktivieren bestimmte Netzwerke im Gehirn, dieser Vorgang nennt sich „Priming". Wenn Sie also einen Text lesen, in dem Wörter enthalten sind, die mit dem Alter zu tun haben, wie z. B. Senioren, Rollator, Altersheim, Gehstock etc. dann hat man in einem Experiment herausgefunden, dass sich die Menschen danach langsamer bewegt haben. Genauso wirken unsere inneren Dialoge auf unser Erleben und auf unseren Körper. Diese Erkenntnis können Sie auf viele Weisen nutzen.

Mit einem „Ja", dazu vielleicht ein Nicken, aktivieren Sie viele Ressourcen und Aufnahmekapazitäten Ihres Gehirns.

Wenn Sie also den nächsten schwierigen Text lesen müssen, Sie ein Meeting haben, zu dem Sie keine Lust haben, oder Ähnliches, dann sagen Sie sich ganz bewusst mal „Ja". Ob als innere Stimme oder gesprochenes Wort, macht erstmal keinen Unterschied. Vielleicht hilft es Ihnen, zusätzlich zu nicken. Ihr Gehirn wird es Ihnen danken und einen Unterschied werden Sie sicher auch bemerken. Sehr wahrscheinlich können Sie den Text schneller verstehen oder dem Meeting besser folgen. Vielleicht haben Sie auch einfach nur Spaß und ein gutes Gefühl.

Tipp 16 Nein sagen, solange Sie noch können

Haben Sie auch diesen Sprachfehler? Welchen? Na, dass Ihnen manchmal, oft oder immer das Wort „Nein" nicht einfällt bzw. Sie es nicht über die Lippen bekommen. Auf diese Weise liegt Ihr Schreibtisch immer mit den Aufgaben der anderen Kollegen voll und Sie verbringen Ihre Wochenenden mit den Umzügen anderer Leute. Dazu kommen noch all die kleinen und großen Gefallen, die Sie anderen Menschen einfach nicht abschlagen können. „Ähh, eigentlich passt es gar nicht ... aber ok, ich mache es", – so oder so ähnlich klingt es bei vielen, meistens weiblichen Klienten, immer wieder. Das unangenehme Gefühl im Bauch ist hierbei inklusive. Was soll ich tun? Könnten Sie sich oder besser noch mich jetzt fragen.

Nun, als Erstes werden Sie sich Ihres Sprachfehlers bewusst. Sagen Sie probehalber mal „Nein", um zu sehen, worum es Ihnen eigentlich geht. Oft genug kommen wir hier mit den Themen Zurückweisung, Schwäche und Unhöflichkeit in Berührung, so zumindest unsere bewussten oder auch unbewussten Ideen zu dem gesagten „Nein!". Fragen Sie nach, wie Ihr „Nein" beim anderen angekommen ist. Das könnte ein guter Abgleich von Ihrer vorgestellten und der tatsächlichen Reaktion des anderen sein. Oft genug malen wir uns die Wirkung eines „Nein" schlimmer aus, als es in der Welt des anderen ankommt.

Wer „Ja" sagt, muss auch „aber" sagen!

Ein kleiner Exkurs in die Kommunikationsgewohnheiten und die ewigen Gespräche mit den „Ja, aber"-Sagern. Sie erkennen Sie an den folgenden Antworten: „Findest du meinen Vorschlag gut?" „Ja, aber wir müssen noch darüber sprechen!". „Schatz, gefalle ich dir eigentlich?" „Ja, aber du könntest dich mal wieder ein wenig aufhübschen!". „Magst du mein Hemd?", „Ja, aber du hättest auch den Pulli anziehen können!" Wenn Sie sie kennen, dann ist das perfekt! Lernen Sie von ihnen! Wer „Ja" sagt, muss auch „aber" sagen – das ist genauso wahr, wie „Wer A sagt, muss auch rschloch sagen!" So können Sie mit Ihrem „Ja" den anderen erst mal in Sicherheit wiegen, um ihm dann mit dem „aber" von hinten durch die Brust ins Auge Ihre Meinung unterschieben – das fühlt sich doch wunderbar an, oder?

Tipp 17 „Ja, aber" vs. „ja und"

Vielleicht kennen Sie die „Ja, aber"-Menschen. Ich nenne sie so, weil es in Gesprächen mit ihnen immer wieder heißt: „Ja, aber ..." Jetzt kann man sagen, dass sie damit immerhin schon einmal ja gesagt haben, das ist sicherlich richtig. Auf der anderen Seite hat es einen Beigeschmack. Das „Ja, aber" ist ein „verstecktes Nein". Wenn Sie sich dessen bewusst sind, dann nutzen Sie es, wie Sie es bisher genutzt haben. Um Ihre Kommunikation noch effektiver zu gestalten und um sich und anderen Menschen klarer und eindeutiger zu begegnen, nutzen Sie doch mal folgende beiden Alternativen: Statt „Ja, aber" sagen Sie entweder „Ja und" oder Sie ersetzen einen Tag lang jedes „Ja, aber ..." mit einem „Nein ... und ...". Die Wirkung in Bezug auf Klarheit Ihrer Kommunikation und auch das Gefühl, stimmige, kongruente Aussagen zu machen, wird Sie sicher überraschen.

Bitte keine Fragen, Sie sind doch nicht doof!

Kommen wir noch mal kurz zurück zur unumgänglichen Kommunikation mit Ihrem Chef, mit Kollegen, Mitarbeitern oder auch Kunden. Zwei immer wieder gehörte Dinge sind „Feedback“ und „Auftragsklärung“. „Fragen Sie nach, wenn Sie etwas nicht verstanden haben“ bzw. „Wiederholen Sie, was Sie verstanden haben“ heißt es immer wieder in den langweiligen und sinnlosen Kommunikations- und Führungsseminaren. Was nicht gesagt wird, ist, dass Ihr Nachfragen immer wieder den Eindruck erweckt, dass Sie doof sind, nicht richtig zuhören können und überhaupt an einem hohen Maß an Ablenkung leiden. Lassen Sie das Nachfragen – auch und gerade wenn Sie nicht alles verstehen. Das ist doch das Salz in der Arbeitssuppe! Schließlich bekommen Sie dann Stress, weil Sie nicht wissen, ob Sie alles richtig machen. Unter Garantie müssen Sie dann abends länger bleiben, um bestimmte Dinge noch nachzuarbeiten, nachdem Sie die erste Überprüfung beim Chef nicht positiv überstanden haben. Etwas Besseres können Sie fast gar nicht für Ihren Burn-out tun!

Herr Standard hat sich ein schnelles „OK“ angewöhnt, was ihm hilft, aus diesen lästigen Gesprächen rauszukommen, egal wie wenig er verstanden hat. Sein Chef gibt ihm gerne Aufgaben, die Herr Standard nicht versteht, die für ihn keinen Sinn machen und eigentlich auch zu viel sind. Zusätzlich erhöht sein Chef zwischenzeitlich gerne mal den Druck.

Herr Standard macht sich ein wenig Sorgen um seinen Burn-out, weil er teilweise sehr wenig Sinn in der eigenen Arbeit sieht. Er hat nämlich in einer Zeitschrift gelesen, dass wenn man keinen Sinn in der eigenen Arbeit sieht, ein Herzinfarkt 2,5 mal wahrscheinlicher wird. Einen Herzinfarkt kann Herr Standard nicht gebrauchen – er will doch einen Burn-out haben!

Tipp 18 Sinn und Gestaltungsraum in der eigenen Arbeit sehen

Ein Rat, den ich immer wieder in Coachings gebe, ist, für Sinn und Gestaltungsraum in der eigenen Arbeit zu sorgen. Diese sind für die eigene Zufriedenheit sehr wichtig. Wenn Ihnen diese beiden Faktoren fehlen, dann sollten Sie dies kommunizieren und nach Strategien suchen, die Ihnen das ermöglichen. Hier vier Fragen, deren Beantwortung Ihnen ein gutes Gefühl mit Sinn und Gestaltungsraum in der eigenen Arbeit und auch im Privaten geben können.

Die erste Frage lautet „Warum?" Vielleicht fragen Sie sich mal, warum Sie das machen, was Sie machen. Was ist Ihre Motivation? Was ist Ihr bisheriger Weg, der Sie hierher geführt hat? Was hat Sie in der Vergangenheit vorwärtsgehen lassen? Was sind Ihre eigenen guten Gründe dafür, dass Sie den Job, den Sie machen, gewählt haben?

Die zweite Frage lautet „Was?" Hier können Sie sich fragen, was Sie machen und was genau Sie machen? Was ist es, was Ihnen Spaß macht an Ihrer Arbeit? Was fasziniert Sie? Was können Sie gut, was fällt Ihnen leicht? Vielleicht auch: Wenn Sie etwas erfolgreich machen, darf es dann auch leicht sein?

Die dritte Frage lautet „Wie?" Beantworten Sie sich doch mal die Frage, wie Sie die Dinge machen – und wie genau? Welche Strukturen, welche Abläufe, welche Prozesse kommen in Ihrer Arbeit vor? Welche machen Ihnen Spaß? In welchen sind Sie besonders gut?

Die vierte und letzte Frage lautet „Wozu?" Welches sind Ihre Ziele? Was ist das große Ganze? Wo wollen Sie hin? Wenn Sie Ihren Job machen, was ermöglicht Ihnen das? Wozu machen Sie Ihren Job?

Wenn Sie sich diese vier Fragen mit ein wenig Zeit und Muße beantwortet haben, dann bemerken Sie relativ schnell, was für Sie relevant ist und wo Sie vielleicht noch Informationsbedarf haben. Aus meiner Erfahrung heraus ist es notwendig, eine gute Antwort auf alle vier Fragen zu haben, um über Jahrzehnte hinweg im Beruf zufrieden und gesund zu sein.

„Jedes Mal, wenn ich
meinem inneren Kind begegne,
bekommt es eine
schallende Ohrfeige."
– Anthony Burgess

Wie viele sind Sie eigentlich?

Als wer komme ich überhaupt ins Büro? Wie gehe ich mit mir und anderen um? Wieso machen Mobbing, Beeinflussung und andere Spiele den Arbeitsalltag erst lebenswert?

Die Frage, als wer jemand ins Büro kommt, ist für einen wirklich gelungenen Burn-out hochinteressant. Herr Standard macht dies sehr geschickt, er ist fast immer im Arbeitsmodus. „eE" ist bei ihm an der Tagesordnung. Was „eE" ist? Zum einen ist das ein Ausdruck für Herrn Standards Aküfi (Abkürzfimmel aus Gründen der Zeitersparnis in der Kommunikation), zum anderen heißt es „ewige Erreichbarkeit". Immer online sein, selbst nachts und unter der Dusche. Das Handy liegt stets griffbereit. Wie oft hat es sich schon ausgezahlt, als am Samstagabend der Chef von Herrn Standard ihm noch eine Mail geschrieben hat. Leider konnte er diese erst am Montag früh beantworten, doch er hatte zwei Nächte und einen ganzen Sonntag Zeit, sich gedanklich auf diese Antwort vorzubereiten. Überhaupt ist das immer auf Stand-by sein nicht nur ein Thema für den Fernseher. Abschalten spart vielleicht viel Energie, aber es dauert dann immer so lange, um sich wieder für den Job online zu schalten. Mal ehrlich, diese Minuten zu verschwenden wäre doch wirklich schade! Außerdem könnten Sie, wenn Sie zwischendurch mal abschalten, Gefahr laufen zu entspannen und Stress abzubauen – pures Gift für den besten Burn-out!

Also kommen wir zur Frage, als wer Sie ins Büro gehen. Sind Sie dann eher der Profi, der Alleskönner, ein Arbeitssklave oder sogar ein Gefangener? Oder haben Sie ein ganzes inneres Team, was sich permanent abwechselt? Gibt es so etwas wie eine Arbeits-„Identität" von Ihnen? Ich könnte Sie auch fragen, ob Sie Ihren Arbeitshut oder Ihre Arbeitsbrille tragen. Und wenn ja, wie schaffen Sie es, diese zu tragen? Ist es Ihre Arbeitskleidung oder das angeschaltete Mobiltelefon? Ist es der E-Mail-Ton? Wenn Sie wissen, als wer Sie gerade unterwegs sind, dann können Sie daran auch den Umgang mit sich selbst anpassen. Dann wissen Sie, wen Sie peitschen müssen, wenn es mal wieder nicht so klappt, wie es soll. Als besonders hilfreich hat sich hier der großzügige Gebrauch der Selbstgeißelungspeitsche erwiesen. Menschen gehen mit sich selbst immer am schlechtesten um – also sollten nicht Sie den Anfang machen, das zu ändern. Wenn Sie mal wieder nicht so funktionieren, wie Sie sollen, dann lassen Sie sich das spüren. Lernen Sie durch Schmerz – seien Sie hart zu sich, unerbittlich und geben Sie sich keinen Millimeter Raum. Wie bei der Hundeerziehung wird einem eine kleine Unachtsamkeit oder fehlende Konsequenz noch Ewigkeiten hinterherhängen.

Me, myself and my team

Die Frage, als wer Sie dann abends nach Hause kommen, ist ebenfalls sehr interessant. Wenn Sie es schon nicht schaffen, immer im Arbeitsmodus zu bleiben, dann mischen Sie bitte Berufliches und Privates. Bezogen auf Ihr inneres Team hieße das, dass keiner eine Pause haben darf und immer alle gleichzeitig „online" sind. Wenn Sie als Mensch schon keine Pause haben dürfen, wieso sollte es dann Ihr „inneres Team"?

Tipp 19 Die eigenen Seiten kennen und wertschätzen

Kennen Sie das Gefühl, viele zu sein? „Da war ich nicht ich selbst", „Da stand ich neben mir" oder „Da war ich nicht bei mir", „Da habe ich mich viel kleiner und schwächer gefühlt" und „Ich bin gerade weder Fisch noch Fleisch" sind Hinweise darauf, dass wir doch mehr sind, als wir denken.

Auch wenn Ihr Gehirn es in guter Weise vermag, Sie glauben zu lassen, dass Sie nur eine/r sind, so sind wir doch alle viele bzw. haben verschiedene Seiten. Diese unbewussten Prozesse laufen in der Regel unwillkürlich ab, sprich, wir können sie nicht direkt steuern. Besonders gut zu beobachten ist das im Kontakt mit unseren Eltern. „Na, mein Kleiner ..." und zack fühlen wir uns wieder als Kind, ob wir erwachsen sind oder nicht, spielt keine Rolle. Wenn Sie das auch kennen, dann könnte es eine Idee sein, sich ab und zu in „komischen“ oder „stressigen“ Situationen zu fragen, „Als wer bin ich hier gerade?“ oder „Welche Seite meiner Persönlichkeit agiert hier?“.

Ein wenig steuern können wir unsere Seiten schon. Das könnte wie folgt klingen, ich nehme hier einmal mich als Beispiel:

> Ich schreibe dieses Buch nicht als Kind meiner Mutter, nicht als ehemaliger Leistungssportler und auch nicht als private Version meiner selbst.
>
> Ich schreibe dieses Buch als Experte für Resilienz und Burn-out. Als Trainer, wenn ich Ihnen Tipps gebe, und als Coach, wenn ich von meinen Klienten berichte.

Achten Sie mal drauf, welch merkwürdiges Gefühl von Inkongruenz sich bei den Nicht-Versionen zeigt. Spüren Sie das auch? Wenn Sie in Ihren Aussagen kongruent sein wollen, dann können Sie die Formulierung „Ich als ...“ und „Du als ...“ nutzen. Wenn Sie das ausprobieren wollen, dann merkt man den größten Unterschied vom Beruflichen zum Privaten. Wenn Sie also Ihrem Partner auf dem Sofa leise zuflüstern „Ich als Führungskraft möchte dich bitten, uns etwas zu essen zu machen ...“, dann könnte das eine interessante Reaktion provozieren. Viel Spaß beim Experimentieren!

Rent a friend

Hier nun noch einige Ideen im Umgang mit anderen, auf die Sie beim Weg zu Ihrem Burn-out achten müssen. Manchmal lässt sich der Kontakt zu anderen Menschen ja nicht vermeiden. Wenn Sie also an einem freundschaftlichen Austausch und der Kommunikation mit anderen nicht vorbeikommen, dann sollten Sie darauf achten, dass es Ihnen nicht gut tut! Bitten Sie die Menschen, wenn überhaupt, nicht mit Ihnen mitzufühlen, sondern besser mitzuleiden. Manche Menschen haben ja auch dieses unsägliche Talent, dass, wenn man mit ihnen spricht, es einem danach besser geht. Meiden Sie diese! In der Regel fokussieren Sie diese Menschen auf die guten Sachen im Leben und aktivieren andere Erlebnisnetzwerke. Sie verlieren dadurch wieder wertvollen Stress – der Cortisol-Level sinkt.

Das Gleiche passiert auch da, wo Menschen Spaß haben. Entspannung tritt ein, Lächeln und Lachen sind der absolute Feind eines Burn-out. Am besten vernachlässigen Sie Ihre Familie und Ihre Freunde ganz pauschal, dann sind Sie auf der sicheren Seite! In der Psychologie wird die sogenannte „soziale Unterstützung" als wichtige externe Ressource von Menschen diskutiert. Ein Glück, dass Sie das als Einzelkämpfer nicht brauchen. Überhaupt sind Sie als Einzelkämpfer besser dran, was Stress angeht – also bewahren Sie sich das.

Tipp 20 Soziale Beziehungen pflegen

Dass der Mensch ein „Herdentier" ist, zeigt sich in der Auswertung von Langzeitstudien zu Resilienz (Widerstandskraft gegen Stress). Diese belegen, dass die Menge und die Qualität an interpersonellen Beziehungen positiv auf die psychische und physische Gesundheit wirken. In gewisser Weise spielen hier auch das Gefühl „jemanden zu haben, auf den man sich verlassen kann" und der kommunikative Austausch im Sinne einer Verarbeitung eine zentrale Rolle.

Die Hirnforschung sagt, dass das Gehirn auf Kooperation und sozialen Austausch angelegt ist! Es ist also nicht nur „nett", mal etwas mit anderen zu unternehmen, es ist sogar gesund und gut für Sie. Achten Sie vielleicht darauf, dass Sie nicht nur mit Kollegen Zeit verbringen. Wie schnell passiert es doch, dass Sie sich privat treffen und dann nur die Arbeit auf den Tisch kommt.

Dass Sie sich am besten mit netten, wohlmeinenden Menschen umgeben sollten, muss ich sicherlich nicht besonders erwähnen. Manchmal hat man aber vielleicht keine Wahl. Wenn Sie eine Wahl haben, dann nutzen Sie diese jedoch zu Ihrem Besten. Da fällt mir noch einer meiner Lieblingssprüche ein: „Wenn Sie sich selbst ein niedriges Selbstbewusstsein unterstellen, dann sollten Sie zuerst prüfen, ob Sie nicht von Idioten und Arschlöchern umgeben sind."

„Ein leichtes Leben
hat noch niemandem gut getan."

– Hildegard von Bingen

Wie Menschen funktionieren ...
Wissenswertes über das menschliche Verhalten

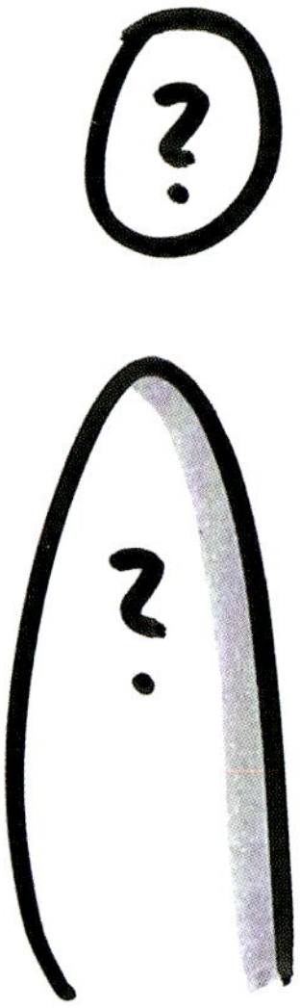

Ab hier hat der Spaß ein Ende. Es geht nicht mehr nur um das heitere Vorspiel, ab hier werden Sie Experte für Ihr Problem. Je besser Sie sich auskennen, desto effektiver können Sie als kompetenter Patient Ihre weitere Entwicklung beeinflussen. Sei es, um die diversen Diagnosen verschiedener Ärzte zu verstehen und sie vielleicht sogar eines Besseren belehren zu können, oder sei es einfach nur, um im Rahmen diverser Therapien oder Kuraufenthalte anderen Patienten genau erklären zu können, was genau ihr Thema ist.

Einige Inhalte sind hier unerlässlich. Besonders wichtig ist zu verstehen, was Stress ist. Die Antwort „Arbeit" reicht unter all den anderen Profis nämlich nicht. Deswegen hier einige grundlegende Inhalte, die für Sie wichtig sind, als kompetenter Patient mit dem besten Burn-out aller Zeiten.

Vorweg ein paar grundsätzliche Dinge, die aus meiner Sicht wichtig dafür sind, um zu verstehen, wie Menschen funktionieren. Ich habe aus der Fülle an Informationen einige relevante Inhalte ausgewählt. Vielleicht nützt Ihnen das Wissen, um diese, ja sich selbst und andere ein wenig besser zu verstehen.

Oft gestellte Fragen in diesem Zusammenhang sind: Was ist für Menschen wichtig? Warum ist für Menschen Negatives stärker als Positives? Wie genau funktionieren Stress und Burn-out? Wozu nützt das Wissen um Resilienz?

Das Wichtigste für Menschen ist es, die Welt und das, was darin passiert, zu verstehen. Man könnte das auch als Kausalzwang bezeichnen, die Fragen „Wieso, weshalb, warum?" versuchen diesen zu beantworten. Verstehbarkeit ist zusammen mit Sinnhaftigkeit und Bewältigbarkeit eine der drei von Aaron Antonovsky definierten Bedürfnisse, die für die von ihm aufgestellte Theorie der Salutogenese (Gesundheitslehre) wichtig sind. Sprich, wenn ich gesund leben möchte, dann muss ich auch verstehen, warum das, was um mich herum geschieht, so ist, wie es ist.

„Die erste Grundregel heißt Verstehbarkeit."
– Gerald Hüther

Genau dafür ist in allen Bereichen des menschlichen Lebens Kommunikation wichtig. „Aber jeder Mensch kann doch kommunizieren", werden Sie vielleicht jetzt sagen. Das ist richtig! Und es geht nicht nur um das einfache Kommunizieren. Hierzu ein Beispiel aus meiner eigenen Firma. Vor ein paar Monaten habe ich einer Mitarbeiterin an einem Freitagvormittag gesagt, dass ich gerne am nächsten Montag um 11 Uhr mit ihr ein kurzes Gespräch führen will. Da ich es eilig hatte und mit meinen Gedanken schon wieder bei der Seminarvorbereitung für Samstag und Sonntag war, bin ich schnell weiter in mein Büro gegangen. Am Montag um 11 Uhr kam dann meine Mitarbeiterin wie vereinbart zum Gespräch und sah sehr blass aus. Ich hatte gerade ein spannendes Wochenende hinter mir und wunderte mich sehr, wieso es ihr augenscheinlich so schlecht ging. Ich fragte sie, ob sie sich vorstellen könne, wozu ich den Termin mit ihr gemacht habe, worauf sie in Tränen ausbrach. Sie arbeite gerne bei uns, wolle nicht gekündigt werden und überhaupt, warum ich sie das Wochenende schmoren ließe? Mir wurde mit einem Schlag bewusst, mit welchen Horrorfilmen ich sie ins Wochenende geschickt hatte. Ich entschuldigte mich vielmals und sagte ihr, dass sie den Urlaub, den sie beantragt hatte, so machen könne, wie sie wolle und dass sie wegen ihren guten Leistungen noch zwei Tage Extraurlaub bekäme. Das war der Sinn des Termins. Nach weiteren 20 Minuten hatten wir noch vereinbart, dass sie mir einen Hinweis darauf gibt, wenn ich noch mal im Vorbeigehen etwas sage oder tue, was bei ihr eher einen Horrorfilm ins Programm nimmt als etwas mit Happy End.

Wozu ich diese Geschichte erzähle? Nun, auch ich als Kommunikationstrainer und Businesscoach bin nicht perfekt in meiner Kommunikation und so passieren mir solche Fehler. Ich war während der ersten Terminabsprache nicht in einem guten Kontakt mit ihr, war mit den Gedanken schon wieder weiter und habe vielleicht auch noch ein eher neutrales und kein freundliches Gesicht gemacht. So scheitern jeden Tag immer wieder Menschen durch unzureichende Kommunikation. Der Kausalzwang erledigt den Rest und führt nur allzu häufig zu Horrorfilmen (negativen Trancen). Diese führen zu ungesundem Stress. Dass hier eher eine defizitorientierte Sichtweise überwiegt als eine positive liegt daran, dass ein Grundmuster des Menschen die Fokussierung auf Negatives ist.

Das hat früher unser Überleben gesichert und ist noch Teil unseres Systems.

Im Miteinander mit anderen Menschen sind solche Missverständnisse nur lösbar mit achtsamer und eindeutiger Kommunikation. Das Wichtigste für eine eindeutige Sprache mit wenig Spielraum für Interpretationen, Filme und Trancen ist genaues Nachfragen. Typische Fragen sind „wie genau, was genau, wann genau ...?". Auch mit dem sogenannten Echoing bzw. Echo geben sprich dem Wiederholen, was ich gerade verstanden habe, erhöhe ich die Qualität der eigenen Kommunikation und des eigenen Verständnisses.

Die Kehrseite der Medaille ist eher unangenehm. Ungenügende Kommunikation führt in Unternehmen zu etwas, was ich als kommunikativen Burn-out bezeichnen würde. Permanenter Stress, der durch fehlende Verstehbarkeit und mangelhafte Kommunikation zu unsichtbarem Stress führt. Wie genau das funktioniert, erläutere ich Ihnen im Folgenden. Einfach zu verstehen und mit leicht und schnell umzusetzenden Ideen.

Only bad news is good news

Wieso reagieren Menschen stärker und mit mehr Aufmerksamkeit auf negative Dinge als auf Positives? Diese Fähigkeit hat uns früher das Leben gerettet. In der Steinzeit war es sinnvoll, eher auf die gefährlichen Dinge zu reagieren, als sich nur an den schönen Dingen zu erfreuen. Der Steinzeitmensch, der die Natur genießend vor der Höhle gesessen hat, sich die Sonne auf den Bauch hat scheinen lassen und mit einem verzückten Lächeln „Alles ist gut!" gedacht hat, hat wahrscheinlich nicht überlebt. Was damals das Überleben gesichert hat, ist in der heutigen Zeit weitestgehend als Mechanismus hinfällig geworden. Genutzt wird diese „Fähigkeit" des Menschen aber an allen Ecken. Sei es der Versicherungsvertreter, der mit Horrorszenarien unsere ganze Aufmerksamkeit und auch unsere Unterschrift unter die entsprechenden Verträge bekommt, oder seien es die Medien, die fast ausschließlich über Negatives berichten. Ich frage mich oft, wie es mit einer Medienlandschaft der guten Nachrichten wäre.

Stress

Was ist eigentlich Stress, wie funktioniert er und warum ist er in der Welt von heute ein so großes Thema? Wozu hat Stress einmal wirklich Sinn gemacht und dazu geführt, dass wir den Grundbauplan haben, der uns eigen ist?

Um Stress ein wenig mehr zu verstehen, möchte ich Sie mit auf eine Reise in die Vergangenheit nehmen. Stellen Sie sich einmal vor, Sie wären vor ca. 35 000 Jahren geboren worden und würden also in einer Zeit leben, die, sagen wir mal, ein wenig menschenfeindlich ist. Überall wilde Tiere, keine richtige Zivilisation und auch das Gesundheitswesen ist eher unterentwickelt. In so einer Zeit leben Sie und verbringen den größten Teil des Tages damit zu überleben. Die Suche nach Nahrungsmitteln bestimmt hauptsächlich Ihren Tag. Die Frage nun: Gab es damals Stress? Smartphones, Meetings und andere moderne Zivilisationsstressoren gab es ja noch nicht. Also war das doch bestimmt ein entspanntes Leben in einer malerischen, unbelasteten Natur. Ein toller Ausblick, der einen direkt vor der Höhle erwartet hat, oder?

Genau die Steinzeitmenschen, die entspannt vor der Höhle gesessen haben und verträumt seufzten: „Was für eine tolle Landschaft", haben wahrscheinlich nicht so gut überlebt, wie die, die eher vorsichtig waren. Auf der Jagd oder beim Beerensammeln gab es auch immer wieder Kontakt mit verschiedenen Tieren. Die Top 5 der damaligen berühmten letzten Worte waren:

„Die Miezekatze will sicherlich nur spielen."
„Die Miezekatze kann ja auch auf Bäume klettern."
„Schau mal, der Ast hat Zähne, zischt und bewegt sich."
„Der Stein da hat Haare und acht Beine."
„So groß, wie das da ist, kann es bestimmt nicht so schnell laufen wie ich."

Bei der Miezekatze handelt es sich um den berühmten Säbelzahntiger, der immer wieder als Grundsymbol für Stressauslöser (Stressoren) genommen wird. Im Kontakt mit diesem macht die Stressreaktion – Flucht, Kampf oder sich tot stellen – nämlich wirklich Sinn.

Wenn der Säbelzahntiger kommt ...

Die Stressreaktion beschreibt man im Englischen mit den drei großen F:

Fight	>>	Kampf
Flight	>>	Flucht
Freeze	>>	Sich tot stellen/Starre

Die neueste Stressforschung geht davon aus, dass Flucht oder Kampf immer eine Starre vorweggeht. Dieser folgt dann entweder ein Flucht- oder ein Kampfverhalten.

Eine gute Definition könnte sein: Stress ist heute eine allgemeine Bezeichnung für körperliche und seelische Reaktionen auf äußere und innere Reize, die wir Menschen als anregend oder belastend empfinden. Die Stressreaktion des Körpers stellt Energie bereit, um den Reizen zu folgen oder vor ihnen zu fliehen.

Anhand dieses Beispiels kann man sich auch vorstellen, was körperlich Sinn gemacht hat und was nicht. Zuerst geht es um Ihre Wahrnehmung. Diese wird in den alten Teilen unseres Gehirns geprüft und entweder ist alles ok, dann geht die Information weiter ins Großhirn. Vereinfacht ist das der Bereich des Denkens, des Abspeicherns und Bewertens einer Information. Wenn ich erst anfange zu denken, sobald ich einen Säbelzahntiger treffe, dann ist es in der Regel zu spät, wenn mir klar wird, dass ich vielleicht gerade in Gefahr bin.

Ist die geprüfte Wahrnehmung nicht ok – im Sinne von GEFAHR –, dann wird sofort das Großhirn auf Stand-by geschaltet. Mit Denken, Sprechen etc. ist es dann weitestgehend vorbei. Alte Überlebensmuster werden durch sogenannte Stresshormone (der „An-Schalter" für die körperliche Reaktion) aktiviert, das Blut in die Beine geleitet und aus den anderen Extremitäten „herausgeholt". Kalte Hände sind u.a. die Folge. Das viele Blut in der Körpermitte zu haben, erhöht schnell die Temperatur und uns wird ganz heiß, was mit Schweiß reguliert wird. Dieser ist, weil die Extremitäten kalt sind, entsprechend auch kalt. Außerdem werden das Immunsystem und die Verdauung heruntergefahren – besonders das Immunsystem braucht sehr viel Energie, ebenso wie die Verdauung. So weit, so gut, alle Energie steht der Flucht oder vielleicht dem Kampf zu Verfügung. Beides hat damals in der Regel nur kurz gedauert und dann war zumindest für einen Moment erst mal ein wenig Entspannung an der Tagesordnung.

Eine umfangreiche Darstellung der Stressreaktion finden sie unter **www.resilienz.wiki**

Wenn Sie diese, zugegebenermaßen stark reduzierte Darstellung der Stressreaktion ins Hier und Heute übertragen, dann wird es interessant. Säbelzahntiger gibt es seit ein paar Jahren nicht mehr, das ist richtig. Was es aber gibt, sind viele Dinge, die wir als Gefahr, als gefühlte Säbelzahntiger wahrnehmen. In Trainings höre ich jetzt meistens noch Anmerkungen wie „Ja, aber wir WISSEN doch, dass vieles keine Gefahr ist!" Klar, wissen Sie das. Wichtig ist doch aber, wie Ihr Körper darauf reagiert. Wie Sie sich vielleicht erinnern, wird unsere Wahrnehmung zuerst von alten Bereichen unseres Gehirns geprüft. Wenn hier entschieden wird, das ist Stress, dann fängt das darüber Nachdenken erst äußerst langsam an. Interessant ist weiterhin, dass das Stressprogramm im Gehirn auch dann ausgelöst wird, wenn wir von anderen Menschen fixiert werden. Das erklärt unter anderem, warum es für so viele Menschen ein Problem ist, vor Gruppen zu sprechen. Stress führt außerdem zu Sprachlosigkeit, weil das Bewusstsein mit Sitz im Neokortex bei der Stressreaktion auf Stand-by geschaltet wird. Zusätzlich werden alte Muster und Vorurteile aktiv.

Aber auch eine andere Funktion des Gehirns macht es sehr effektiv und schnell, gleichzeitig verhindert diese Funktion einen differenzierten Umgang mit der Umwelt, besonders wenn man unter Stress ist. Die Rede ist von der Tendenz zur „Generalisierung". Ein weiteres kleines Beispiel aus der Steinzeit: Mal angenommen, dass unser Vorfahre von einer Schlange gebissen wurde. Er hat, wenn auch mit einigen Tagen Schmerzen vom Gift der Schlange, überlebt. Daraus hat er gelernt, dass es gesünder ist, Schlangen zu meiden. Nicht nur die eine Schlange, sondern vielleicht alle Schlangen. Vielleicht sogar, wenn er durch seinen Lebensraum gewandert ist, alles, was nach einer Schlange aussieht. Sicher kennen Sie das auch, wenn Sie durch einen Wald gehen, im Dämmerlicht auf einen Ast treten und sich erschrecken, dass sich da vor ihnen etwas bewegt. Wenn Sie dann merken, dass das nur ein Ast war, dann atmen Sie sicherlich tief durch und merken, wie Ihnen der „Schreck noch in den Gliedern sitzt". Was Sie da merken, ist die Stressreaktion Ihres Körpers. Die war früher überlebenswichtig und ist es auch heute noch. Im Großstadtdschungle kann man die Stressreaktion besonders gut im Straßenverkehr erleben. Die berühmte Schrecksekunde ist jedoch eher das „Erwachen" aus einer Alltagstrance. Dazu aber mehr im Kapitel Stress & Trance.

Gutes System für eine falsche Zeit

Wie können wir mit unserem verhältnismäßig alten System in der heutigen modernen Welt auf gute Weise umgehen? Was können wir „gegen" unsere Stressreaktion tun? Wozu ist sie heute noch sinnvoll? Warum trainieren wir sie uns nicht einfach ab?

Unsere Stressreaktion ist eng mit dem verbunden, was Teil unseres jahrtausendealten genetischen Codes ist. Sicherlich sind wir moderne Menschen in modernen Zeiten. Aber wie eine alte Software-Version ist Stress noch ein Teil unseres Lebens und das sicherlich noch für viele Jahrhunderte, wenn die Genforschung nicht in den folgenden Jahren große Fortschritte macht. Gegen die Stressreaktion etwas zu tun, ist sicherlich nicht ohne Weiteres möglich, sie ist einfach zu wichtig für unsere Leistungsfähigkeit. Im Umgang mit Stress ist Achtsamkeit immer wieder ein Stichwort, genauso wie Bewusstheit. Davon

> „Der Übergang vom Affen zum Menschen, das sind wir."
>
> – Konrad Lorenz

mal abgesehen, dass wach und voller Aufmerksamkeit durchs Leben zu gehen (was sehr viel Übung, z. B. in Form von Meditation braucht), wenig in unserem Alltag verbreitet ist, können wir das Wissen um Stress und die Art und Weise, wie wir darauf reagieren, auch nutzen. Wir können zum Beispiel bemerken, wie sich Stress anfühlt, und dann damit bewusst umgehen. Sprich, statt nie wieder Stress zu haben, einen guten Umgang damit pflegen. Wie das gehen kann, erläutere ich im Kapitel zu Resilienz. Davon abgesehen brauchen wir ein mittleres bis mittelhohes Maß an Aktivierung, um eine optimale Leistungsfähigkeit zu erreichen. Knochen werden durch Stress, zum Beispiel in Form von Erschütterungen, stärker und wenn unser Körper nachts ab einem bestimmten Zeitpunkt keine Stresshormone ausschütten würde, dann würden wir gar nicht mehr aus dem Bett kommen.

Generell kann man sagen, dass zur Ruhe kommen wichtig ist, damit die Erlebnisse des Tages, die Eindrücke und auch die Stressthemen verarbeitet werden können. Sonst treffen immer neue Reize auf einen ohnehin schon hohen Stresspegel und irgendwann ist es zu viel. Das ist vergleichbar mit dem Training in einem Fitnessstudio. Mal angenommen, Sie wollen fitter werden und trainieren am Montagmorgen richtig hart, mit viel Schweiß und Anstrengung. Wann macht es dann Sinn, die nächste Trainingseinheit zu absolvieren? Montagmittag? Montagabend oder erst Dienstag? Erfolgreiche Sportler raten zu mindestens 36 bis 48 Stunden Regenerationszeit. Wenn Sie jetzt den Leistungssport, den Sie jeden Tag im Büro vollbringen, mal in Relation mit Ihren Ruhepausen setzen, dann wird schnell klar, dass Ihre Pausen Sie insgesamt effektiver und erfolgreicher machen und genauso zum Training bzw. zu Ihrer Arbeit dazugehören wie die Leistung, die Sie jeden Tag erbringen.

Zusammenfassend kann man sagen, dass Stress zum Leben gehört wie das tiefe Einatmen nach dem Ausatmen. Die ungesunde Seite von Stress und wie Sie zur Anspannung auch wieder entspannen können, biete ich Ihnen im Folgenden an. Starten möchte ich bei den stark Stress auslösenden Business-Horrorfilmen und deren Entstehung. Die dunkle Seite von Hollywood kann man in jedem Menschen finden. Sie heißt Negativ-Trance, dazu auf den nächsten Seiten mehr.

„Nur wer von Herzen negativ denkt,
kann positiv überrascht werden."

– Albert Einstein

Stress und Trance

Was ist Trance? Wie gelange ich in Trance und auch wie wieder heraus? Warum sind Menschen überhaupt in Trance? Wozu ist eine Trance gut?

Waren Sie schon mal in Trance? Nein? Nun, die meisten Menschen verneinen diese Frage. Dazu einige Ideen, wie Sie eine Trance erleben können, und woran Sie merken, dass es eine Trance war. Vorab ein Beispiel: Kennen Sie das Phänomen, wenn Sie mit dem Auto unterwegs sind und nicht wissen, wie Sie die letzten 120 Kilometer zurückgelegt haben? Irgendwie werden Sie genau an der Ausfahrt „wach", an der Sie abfahren müssen? Oder kennen Sie diese schönen kleinen Momente des Tagträumens, wenn Sie einfach Ihren Gedanken an eine schöne kleine Reise an einen traumhaften Urlaubsort nachgehen? Vielleicht den Sand unter den Füßen spüren, die Wärme der Sonne auf der Haut und das Rauschen des Meeres hören ... dazu dieses gute Gefühl ... Na, waren Sie gerade in Trance? Oder waren Sie die ganze Zeit, wo Sie jetzt sind mit dem Buch in der Hand?

Die Fähigkeit, die ein gutes Buch, ein schönes Märchen, ein spannender Film, das Fernsehen im Allgemeinen und manche Powerpointpräsentation im Besonderen auslöst, heißt Trance, vielleicht ein wenig genauer: Alltagstrance. Diese Alltagstrancen sind völlig normal und eine Art Regenerationsmodus für unser Gehirn. Ohne sie wären wir wahrscheinlich schon lange tot. In ihnen findet Lernen und Verarbeitung statt und die Akkus der Aufmerksamkeit werden wieder geladen. Menschen befinden sich in der Regel 70 % des Tages in Trance, manchmal mehr. Erkennen können Sie dies an einem Blick, der eher nach innen als nach außen gerichtet ist. Besonders gut kann man das bei Kindern vor dem Fernseher beobachten. Es ist übrigens völlig normal, dass Menschen, wenn sie in ihren eigenen Welten unterwegs sind, von der Außenwelt weniger

Trance und Hypnose

Unter „Trance" werden in unserem Kulturkreis Zustände beschrieben, in denen Menschen tief entspannt, ganz nach innen gerichtet und völlig von ihrer inneren Welt absorbiert sind. Von außen zu sehen ist meist ein meditativer, leerer und defokussierter Blick.
Bei den Indianern beschreibt man Trance als einen Moment, wo die Seele spazieren geht, in der arabischen Welt ist es sogar verboten, Menschen anzusprechen, wenn sie sich in einer Trance befinden.

Wenn Sie in Trance sind, dann erleben Sie vielleicht folgende Phänomene:

- **Altersregression/Altersprogression (gefühlt jünger oder älter sein)**
- **Identifikation (mit etwas oder jemandem identifiziert sein)**
- **positive/negative Halluzinationen**
- **Tunnelvision/„Röhrenblick"**
- **innere Bilder, innere Sätze**
- **Amnesie, auch teilweise (Erinnerungsverlust)**
- **Zeitverzerrung**
- **Veränderung des Schmerzempfindens**

Im Unterschied dazu bezeichnet Hypnose einen Weg, eine Trance einzuleiten. Streng genommen ist also das Einschalten des Fernsehers mit danach einsetzender Trance eine Hypnose, wie auch die in der Werbung oft gebrauchten Worte „Stellen Sie sich mal vor …".

mitbekommen. Wenn Sie Ihr Kind schon ca. 10 mal gerufen haben, es aber „wie hypnotisiert“ vor dem Fernseher gesessen hat, dann wissen Sie vielleicht jetzt, dass Sie ein Trancephänomen bei jemand anderem erlebt haben und dass das keine böse Absicht war, wie wir oft denken. Die Trance können Sie dann sehr effektiv unterbrechen, indem Sie einfach den Fernseher ausschalten (was ohnehin eine super Funktion ist, die immer noch viel zu wenig genutzt wird).

Aus welchen Trancen lohnt es sich wieder herauszukommen? Wenn ich heraus will, wie kann ich das dann tun?

Dass nicht jede Trance angenehm ist, weiß wohl jeder. Business-Horrorfilme wie die Serie „Wie reagiert mein Chef auf ...“ laufen als Wiederholung Tag ein Tag aus in vielen Köpfen. Besonders gerne wird das Drehbuch dazu mit der Frage „Wer ist schuld?“ begonnen und dann mit den schlimmsten Versionen und Varianten ausformuliert. Kann man dagegen etwas tun? Ich glaube ja und ein Ausweg aus diesem Kino ist märchenhaft. Er heißt Rumpelstilzchen-Effekt. Es geht darum, die eigenen Gedanken an- und auszusprechen. Die Erkenntnis hat gezeigt, dass, wenn man das ausspricht, was als Bedenken, Ahnungen und Befürchtungen im eigenen Kopf den Tag unangenehm werden lässt, die negativen Trancen unterbrochen werden. Anders gesagt reagieren Sie dann nicht mehr auf das, was sein könnte, sondern nur auf das, was ist. Außerdem haben Menschen ohnehin das Talent, sich Dinge schlimmer auszumalen, als diese dann in Wirklichkeit sind.

Energie folgt Aufmerksamkeit

... oder auch „Energy flows where attention goes“ spricht für eine sorgsame Wahl der Dinge, auf die man seine Aufmerksamkeit lenkt und denen man Raum gibt. Dabei ist nicht nur die im Zitat von Thomas von Aquin erwähnte Umgebung wichtig für das eigene Wohlbefinden, sondern auch die Menschen und Inhalte, mit denen man sich selbst beschäftigt.

> „Die Umgebung, in der der Mensch sich den größten Teil des Tages aufhält, bestimmt seinen Charakter."
> – Thomas von Aquin

Wie lohnenswert das Fokussieren auf Kompetenzen und Fähigkeiten für das subjektive Empfinden ist, möchte ich noch an zwei Beispielen illustrieren. Als Erstes ein kleiner Exkurs in die Schule. Wenn Sie in Ihrer Jugend ein Diktat geschrieben haben, dann war die normale Bewertung vielleicht ungefähr so: 100 Wörter im Diktat, davon fünf Wörter falsch geschrieben ergibt die Note: 3+. Der Fokus war auf dem, was nicht funktioniert, was objektiv falsch ist. Das Erleben des Schülers ist mit dieser Art der Bewertung ausgerichtet auf Defizit und Unvermögen. Außerdem werden die Fehler in besonderer Weise hervorgehoben, damit sie sich auch gut einprägen. Aus meiner Sicht besser – weil ganzheitlicher – ist eine vollständige Betrachtungsweise. Diese könnte ungefähr so aussehen: 95 Wörter richtig geschrieben im Sinne der allgemeinen Regeln des Duden und für 5 Wörter eine neue Schreibweise gefunden. Die allgemeine Schreibweise nach dem Duden, der allgemeinen Grundlage für die Schreibweise der Wörter im Deutschen, ist wie folgt ... Prüf doch mal, wie du es geschafft hast, diese Wörter auf eine neue Art und Weise zu schreiben. Merk dir deine Art und Weise und lerne zusätzlich noch die allgemein gebräuchliche Schreibweise, weil das der Weg ist, auf den sich die Menschen in Deutschland geeinigt haben.

Zugegeben, das klingt vielleicht ein wenig weichgespült, aber jeder, der einmal Schüler war, wird nachfühlen können, was für einen Unterschied diese Art des Umgangs mit Fehlern für ihn ausmachen würde.

Ein weiteres Beispiel aus meiner Arbeit mit Heilberufen möchte ich noch mit Ihnen teilen. Es geht um die Aufklärung von Patienten vor einer Operation. Der Standard bei einer Sterbewahrscheinlichkeit von 1 Promille ist oft genug folgendermaßen: Einer von Tausend stirbt bei dieser OP.

Es ist, glaube ich, unnötig zu erwähnen, wie das auf den Patienten wirkt, was für eine gelungene Art der Aufmerksamkeitsfokussierung. Mein Formulierungsvorschlag in diversen Trainings und Seminaren ist ein wenig anders und inhaltlich gleich: Von 1000 Menschen, vielleicht stellen sie sich mal 1000

Menschen vor, überleben 999 diese Operation. Einer überlebt diese wahrscheinlich nicht. Mein Gefühl ist, dass sie eher zu den 999 gehören werden, die Wahrscheinlichkeit ist sehr hoch.

Oder wie Tom Best es so schön gesagt hat: „Weisheit ist das Wissen um die Bereiche, wo es sich lohnt, die Aufmerksamkeit hinzulenken." Das heißt nicht, dass Sie Dinge, die nicht optimal gelaufen sind, laufen oder auch laufen werden, oder Fehler, die passiert sind, unter den Teppich kehren sollen. Oft wird vergessen, auch auf das zu schauen, was gut war, ist und sein wird und was sich nicht verändern soll. Vielleicht lenken Sie Ihre Aufmerksamkeit mit diesem Wissen jetzt und in Zukunft mehr auf das, was alles gut läuft, was Sie haben und was funktioniert. Es lohnt sich.

Wenn Gedanken Zellen steuern

Wie unser Denken und Fühlen bis in jede Zelle unseres Körpers hineinwirkt, zeigt u.a. der Zellbiologe Bruce Lipton. Die als Epigenetik beschriebene wissenschaftliche Disziplin zeigt, dass unser physisches Dasein nicht (nur) von unserem genetischen Code bestimmt wird, sondern dass die Aktivierung unserer Gene mit unseren Gedanken und Gefühlen zusammenhängt. Seine Botschaft „Gene sind unser Schicksal" war gestern, „Denken und Fühlen bestimmt das Sein" ist heute.
Aus weiteren Untersuchungen wird deutlich, dass außerdem das eigene Verhalten sowie die Ernährung und Umweltbedingungen eine Rolle bei der Weitergabe von Informationen an die nächsten Generationen spielen. Also beeinflussen wir mit unserer Denk- und Lebensweise nicht nur uns, sondern auch unsere Kinder und Kindeskinder.

„Der schnellste Weg zum
Selbstvertrauen ist es,
anderen Menschen ihre Defizite
bewusst zu machen."

– Gene Wilder

Resilienz & Burn-out

So viel Stress ... und jetzt? Wie kann ich diesem begegnen, oder bin ich schutzlos ausgeliefert? Was kann ich tun, damit ich nicht ausbrenne? Warum gehen manche Menschen mit Stress besser um als andere? Wozu lohnt es sich zu wissen, was Resilienz und Burn-out sind?

Vorweg möchte ich Sie beruhigen. Wie Sie Ihren guten Umgang mit Stress weiter optimieren können, haben Sie schon und werden Sie noch genauer erfahren. Es gibt auch nicht den einen Umgang, der perfekt ist, es gibt viele gute Wege. Was es mit Resilienz und Burn-out auf sich hat, möchte ich Ihnen reduziert und kompakt anbieten. Für weitere Informationen zum Thema Burn-out kann ich Ihnen das Buch „Burn-out: Wenn die Maske zerbricht“ von Dr. Manfred Nelting empfehlen. Aus den vielen hundert Büchern, die zu diesem Thema erschienen sind, war von all denen, die ich gelesen habe, dieses Buch am hilfreichsten für mich und für die Menschen, denen ich ein Buch zum Thema empfehlen sollte.

Kommen wir also zu einem Begriff, der im Zusammenhang mit Burn-out-Prävention immer populärer wird. Die Rede ist von Resilienz, von manchen als eine Art Allheilmittel zum ultimativen Ausweg aus der oft beschworenen Burn-out-Falle stilisiert. Dabei kommt Resilienz vom lateinischen Wort Resilire (abprallen) und heißt, die Widerstandsfähigkeit gegen Stress zu erhöhen oder auch mit Ressourcen Krisen zu meistern. Warum Resilienz in Unternehmen wichtig ist, begründet sich wie folgt: Zwischen 2004 und 2010 haben sich über alle Unternehmen hinweg die Arbeitsunfähigkeitstage, die auf Burn-out zurückzuführen sind, von rund 8 auf mehr als 72 pro Tausend Beschäftigte fast verneunfacht. Die Gesamtkosten für psychische Erkrankungen summieren sich heute auf fast 27 Milliarden Euro jährlich.

Wozu die Beschäftigung mit diesem Thema wirklich sinnvoll ist, kann man an Studien sehen, die untersucht haben, wie viel ein investierter Euro in das betriebliche Gesundheitsmanagement für den Betrieb gebracht hat. Der ROI (Return on investment) liegt irgendwo zwischen 2 und 10 Euro. Wie ich finde, ein weiterer guter Grund, Geld in die Gesundheit von Mitarbeitern zu investieren.

Was ist Resilienz und wie können wir sie erlernen?

Resilienz beschreibt die Widerstandsfähigkeit eines Systems auf äußere Einflüsse. Im engeren Sinne die Fähigkeit, mit verminderter Stressreaktion auf bewusste und unbewusste Stressoren zu reagieren. Resilienz ist auch ein Teil gehirngerechter Arbeit und gehirngerechter, empathischer Kommunikation. Es geht darum, negative Trancen zu vermeiden, Wertschätzung zu fördern, Schuldabladen zu verhindern und Verantwortung zu ermöglichen.

Wie man aus der folgenden Grafik erkennen kann, ist Resilienz eine Art Schutzschild gegen Stress. Wenn wir hier über Stress sprechen, so meint das

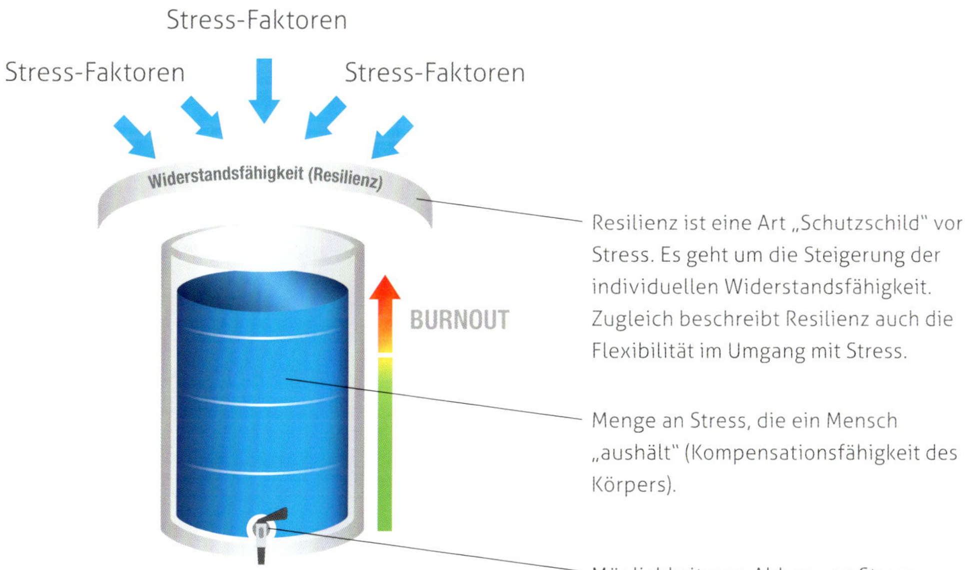

(Resilienzmodell - S. Mauritz)

sowohl die Menge an negativen Umwelteinflüssen, die uns bewusst und unbewusst jeden Tag begegnen, als auch alle anderen Dinge, die zu einer Erhöhung vom Stresspegel im Menschen führen. Das können schlechte Ernährung, wenig Schlaf, Zeitdruck und Lärm genau so sein, wie negative Trancen, mangelhafte Kommunikation, fehlendes Lob und zu wenig Anerkennung.

Was Sie an diesem Modell sehen können, ist unter anderem, dass es lange dauert, bis Sie die negativen Auswirkungen von zu viel Stress spüren, vielleicht in Form eines Burn-out. Sie sehen auch, wie fantastisch Ihr Körper über einen langen Zeitraum negative Umwelteinflüsse, Stress und Ähnliches für Sie kompensiert und Sie davon wenig bis gar nichts merken. Dies erklärt aber auch, wieso sich dann plötzlich von einem auf den anderen Tag Dinge dramatisch ändern können, der berühmte Tropfen, der das Fass zum Überlaufen bringt. Eine weitere gute Nachricht ist, dass wir Stress auch wieder loslassen können, ihn aus unserem System bringen und somit Dampf ablassen. Dies ist über den kleinen Hahn am unteren Rand des Fasses angedeutet.

Weitere Informationen zu den Themen gehirngerechte Arbeit und gehirngerechte Kommunikation finden Sie auf www.resilienz.wiki

Die Grafik auf der Vorseite ist lediglich ein Modell und illustriert die Zusammenhänge Stress, Burn-out, Resilienz und Kompensationsfähigkeit. Was genau die Kompensationsfähigkeit des Körpers ist, möchte ich noch kurz ausführen. Sie meint, dass wir, genauer gesagt unser Körper, eine große Menge an Stress (bewusst und unbewusst) aushalten (kompensieren) können. Das Fass füllt sich ... auch wenn Sie über Wochen und Monate zu viel arbeiten, sich schlecht ernähren, zu wenig schlafen, und so weiter, werden Sie es nicht oder nur bedingt merken. Dies liegt daran, dass das Gehirn sequenziell arbeitet, sprich, Sie können sagen, ob es Ihnen heute besser oder schlechter geht als gestern, aber Ihren absoluten Fitness- oder Gesundheitslevel in Prozent können Sie nicht sagen.

Hierbei gibt es noch zwei Besonderheiten: Die Größe des Fasses ist von Mensch zu Mensch unterschiedlich und wir wissen nicht um den absoluten Füllstand. Das heißt, ob wir zu 95 % „voll" sind und kurz vor dem Burn-out oder erst zu 30 % und alles ok ist, können wir nur indirekt merken. Sei es über die Qualität unseres Schlafes, die Fähigkeit abschalten zu können und unsere körperliche Gesundheit. Viele Gesundheitsprobleme wie Rückenschmerzen, Nackenverspannungen, Probleme mit Haut und Verdauung, Kopfschmerzen etc. haben direkt oder indirekt mit Stress zu tun. Außerdem wird das Fass manchmal auch dadurch kleiner, dass wir zu wenig schlafen, nicht auf unsere Ernährung achten oder uns zu wenig bewegen bzw. nicht genug entspannen.

Was ist Burn-out? Wie genau bekommt man ihn?

Eine Erkenntnis zum Thema Burn-out ist, dass man dafür eine Menge tun muss. Ein hohes Maß an Stress über einen längeren Zeitraum ohne eine angemessene Form des Ausgleichs ist notwendig. Dazu ist zu sagen, dass es zu viel Stress sein muss. Wenn man zu wenig Stress hat, dann ist das auch nicht

Neurologische Aspekte des Burn-out (nach Luc Isebaert)

Stress über eine lange Zeit auf einem hohen Niveau
hat folgende Auswirkungen:

- **Nebennierenrinde sondert vermehrt Adrenalin und Cortisol ab**
- **Hippocampus (für Gedächtnis zuständig) schrumpft**
- **Bahnen zum Präfrontalhirn werden abgeschaltet**
- **Es kommt zu Konzentrations- und Gedächtnisstörungen**

Depression und Burn-out sind physiologisch ähnlich. Bei Burn-out ist jedoch ein stärkerer Energieverlust zu bemerken, und die Immunkräfte werden mehr geschädigt. Die körperinternen Regelkreise sind in hohem Maße gestört und es dauert länger, bis diese wieder ins Lot kommen.

optimal, man spricht dann von einem Bore-out (to bore – sich langweilen) mit ähnlichen Symptomen wie beim Burn-out. Dieser ist gut beobachtbar bei hochbegabten Kindern in der Schule, die, statt eine Eins nach der anderen zu schreiben, mit ihren Leistungen am anderen Ende der Notenskala rangieren.

Burn-out war bisher ein Syndrom, das eine Symptom-Clusterung beschreibt und noch keine Krankheit! Nach dem neuen Diagnosemanual ist er aber nun als Krankheit klassifiziert. Als Ausweichdiagnose zu Depressionen hilft er vielen depressiven Menschen, eine Diagnose zu kommunizieren und zum Arzt zu gehen. Ein Burn-out wird hier eher als Auszeichnung gesehen. Man hat mal richtig gebrannt und alles gegeben.

Wo Burn-out das Schreckgespenst ist, so ist Resilienz eine Lösung, wenn nicht die Lösung für den Umgang mit den Herausforderungen des modernen Arbeitslebens.

Resilienz wird zum Glück immer gebräuchlicher im Sprachgebrauch, weil Burn-out-Prävention, Stress-Management und Krisen-Intervention gefühlt eher problembezogen sind. Resilienz spricht eher von einer Fähigkeit wie Stärke, Entspannung, Wissen um Ressourcen und guten Umgang mit Außenreizen. Es geht eher um eine Lösung oder einen Zielzustand, als um das Problem.

Und ja, Resilienz ist lernbar. Dies ist jedoch immer die Arbeit an einem „besser", oder wie mein Yogalehrer sagen würde: „eine Arbeit an der Richtung".

Burn on?

Wenn Du etwas in anderen entzünden willst, dann musst Du für diese Sache brennen, so heißt es. Ja, da ist etwas dran. Es geht aber darum, nicht zu verbrennen, sondern das Feuer der Begeisterung und Freude in sich lodern zu spüren! Denken Sie dran: Genauso wie auf eine tiefe Einatmung eine Ausatmung folgt, sollte auch auf jede Anspannung eine Entspannung folgen.

„Fröhlichkeit ist die perfideste Form,
andere zu ärgern."

– Liza Minnelli

Tipps zum Reiten des „Stress-Tigers"

Was kann ich bei Stress tun?
Wie reagiere ich am besten, wenn ich Stress bemerke?

Ich möchte Ihnen hier ein paar Varianten anbieten, die sich sehr einfach üben lassen und leicht erinnerbar sind. Dies ist so wichtig, weil wir in Stresssituationen meistens eher auf Flucht, Kampf oder Einfrieren (die drei großen F: Flight, Fight or Freeze) programmiert sind, wie schon im vorherigen Kapitel erwähnt, die Antwortmöglichkeiten unseres Körpers. Wenn Sie sich an die Ideen erinnern wollen, die jetzt folgen, dann machen Sie sich vielleicht einfach eine Notiz auf einem Haftzettel und kleben diesen an Ihren Monitor oder wo auch immer Sie ihn vor, in oder nach stressigen Situationen sehen.

Dieser Zettel, oder welche Erinnerungshilfe auch immer, kann Sie in guter Weise an das erinnern, was Ihnen dann zur Entspannung helfen kann. Vielleicht wissen Sie auch schon, welche Situationen bald wieder stressig werden, und schicken gedanklich das Wissen um Entspannung in die Situation, so, als wäre es jetzt. Dieses geistige Probehandeln für anspruchsvolle Situationen ist insofern auch etwas sehr Bemerkenswertes, als Sie vor einer Situation diese schon mehrmals bestmöglich erleben können. Sie vergrößern so die Wahrscheinlichkeit, dass die Situation so wird, wie Sie sie sich vorgestellt haben. Dies ist die berühmte selbsterfüllende Prophezeiung, die wir meistens nur in der negativen Variante nutzen, die aber auch und fast noch besser im Positiven funktioniert.

Meiner Erfahrung nach geht es beim Umgang mit Stress nicht darum, immer entspannt zu sein. Zum einen brauchen wir ein gewisses Maß an Stress, um effektiv zu sein. Zum anderen geht es darum, ein Zuviel an Stress zu bemerken. Ich bemerke das bei mir immer daran, dass ich meine Schultern als Ohrringe trage. Wenn ich dann meine Schultern bewusst entspanne, senkt sich mein gefühlter Stresslevel sofort.

„Grün tut gut"

Eine weitere interessante Beobachtung im Zusammenhang mit unbewusstem Stress ist die Art und Weise, wie sehr wir noch auf das reagieren, was für unsere Vorfahren überlebenswichtig war. Das zeigt am Beispiel passiver Stressreduktion die Studie „Grün tut gut!". So sind Pflanzen, ob als Bild, Film oder real im Raum etwas sehr Entspannendes, sozusagen ein natürliches Stressreduktionsmittel. Der Studie nach steigern Pflanzen im Raum die Arbeitsproduktivität und vermindern Arbeitsstress. Büroangestellte in Räumen mit Pflanzen haben einen geringeren Blutdruck als ohne Pflanzen. Körperliche Stressreaktionen (erhöhter Blutdruck, Puls) werden reduziert. Das Interessante an dieser Studie ist, dass kein großer Unterschied in der Stress mindernden Wirkung darin besteht, ob die Pflanzen real oder als Bild oder Video gesehen werden. Im Gegensatz dazu erhöhen Stadtszenen und urbane Landschaften mit Technik, Gebäuden und wenig bis keinem Grün den Stresslevel.

„Lucky, der Golden Retriever" (Danke an Stephen Gilligan)

Wenn Sie an diesen Hund denken, dann könnten Sie sich daran erinnern, wie Sie reagieren, wenn es stressig wird. Vielleicht so wie ein gut gelaunter Golden Retriever? Lächeln (innerlich oder äußerlich), atmen (vorzugsweise tiefe Bauchatmung) und bewegen (ein wenig auf dem Platz, an dem Sie sich befinden, vielleicht stehen Sie auch einfach auf und sei es nur unter dem Vorwand, einem menschlichen Bedürfnis nachgehen zu wollen). Wenn Sie sich jetzt auf das nächste Meeting vorbereiten, dann stellen Sie sich vielleicht vor, wie Lucky Sie in die nächste stressige Situation begleitet. Außerdem ist ein Lächeln die schnellste und einfachste Art und Weise, das eigene Aussehen noch weiter zu verbessern! Abgesehen davon wirken lächelnde Menschen kompetenter, leben länger und auch hier wird der Stresslevel gesenkt. Wenn Sie lächeln, hat Ihr Gehirn besseren Zugang zu Ihren Ressourcen und Fähigkeiten. Wenn Ihnen nicht danach zu Mute ist, dann lächeln Sie doch einfach trotzdem, rein mechanisch. Nach wenigen Minuten werden Sie bemerken, dass es Ihnen besser geht und Sie mit einem guten Gefühl weiter lächeln können.

„Lach mal wieder"

Lachen ist ein sehr guter Weg, um Muskeln zu entspannen und die Menge an Stresshormonen in Ihrem Blut zu senken. Die Atmung beim Lachen wird schneller und tiefer. Außerdem verzögert Lachen den Hautalterungsprozess, erhöht den Antikörperspiegel und steigert die körpereigene Glückshormonproduktion. Lachen ist ein natürliches Schmerzmittel, es stärkt die Herzgesundheit, ermöglicht guten Schlaf und verbessert Beziehungen. Also, was bringt Sie zum Lachen? Youtube oder auch Ihr inneres Kino hat da sicherlich viel zu bieten. Oder tun Sie so, als ob Sie lachen würden, und ziehen Ihre Mundwinkel nach oben, Ihr Körper wird sich erinnern und bald können Sie es auch fühlen. Alternativ funktionieren Abende mit guten Freunden ebenso gut. Achten Sie darauf, dass Ihre Freunde bessere Laune haben als Sie, dann werden Sie durch deren „soziale Unterstützung" weiter gestärkt.

„Reise zurück in die Gegenwart"

Kennen Sie das? Ihre Gedanken kreisen um zukünftige Sorgen oder vergangene Probleme/Konflikte/Situationen? Sie sind nicht im Hier und Jetzt, nicht im Moment bzw. nicht online geschaltet. So schaffen Sie es, auch wenn Sie gerade in diesem Moment kein Problem haben, sich eines in Ihrem Kopf zu erschaffen, mit allen schlechten Gefühlen, die dazugehören. In gewisser Weise ist ein „sich wieder online schalten“ ein Unterbrechen des Stresserlebens. Man könnte auch sagen ein Durchbrechen von Filmen, die bei einer Stressreaktion laufen. So ist ja in der Regel nicht das, was im Moment passiert, stressig, bzw. löst die Stressreaktion aus, sondern eher die Art und Weise, was unser Gehirn uns auf einen Reiz hin in unserem Kino an Programm präsentiert.

Das „Rückreiseticket in die Realität“ hat in diesem Fall drei Worte, die wie eine Art Zauberspruch gesagt werden können, um ihre Wirkung zu entfalten: ICH, HIER, JETZT.

Dies kann auch innerlich geschehen, wenn es deutlich genug geschieht. Üben Sie dies in Momenten, in denen kein sozialer Flurschaden entstehen kann, sprich, sagen Sie, dass Sie gerade etwas üben und dass das zur Verminderung Ihres Stresserlebens beiträgt.

Zum ICH, HIER, JETZT ist wichtig, dass die Bedeutung der drei Wörter mitgedacht wird. ICH bin ICH, die erwachsene Version meiner selbst, mit allen Ressourcen und Fähigkeiten. Ich bin HIER, HIER im Raum (umschauen hilft meistens, vielleicht mit einem weiten defokussierten Blick das Büro oder den Besprechungsraum genießen) und ich bin im Hier und JETZT und jetzt und jetzt und jetzt. Das merken Sie vielleicht an Ihrem Atem, wie er ein- und ausströmt ... und ein und aus ... Vielleicht bemerken Sie, was für einen Unterschied eine tiefe Bauchatmung macht. Vielleicht müssen Sie beim unvermittelten Gedanken an einen Golden Retriever auch ein wenig lächeln, nach innen oder nach außen, oder auch nur mit den Augen. Die Wirkung ist die gleiche: Es geht Ihnen direkt besser.

Raus aus dem Kino – einmal „Ablenkung“ bitte!

Für eine schnelle Ablenkung können Sie auch einen sogenannten Separator benutzen. Als Separator bezeichnet man einen trennenden oder auch unterbrechenden Zustand. Das kann ein Schluck Wasser sein oder auch der Biss in ein Stück Brot, wenn man eine Käseprobe macht, um die Zunge frei zu bekommen. Diese Ablenkung muss nicht nur ein kurzer Moment sein.

Ein Separator ist eher ein Zustand, der ein paar Sekunden oder Minuten anhalten kann. Verschiedene Separatoren können miteinander oder nacheinander kombiniert und wiederholt werden:

- **Atmen, tief ein und aus.**
- **Das Gesicht reiben.**
- **Mit den Händen auf die Oberschenkel klopfen oder diese reiben.**
- **Sich einen schönen blauen Himmel vorstellen.**
- **Sich vorstellen, wie es wäre, wenn kaltes Wasser Sie von Kopf bis Fuß überströmen würde.**
- **Vielleicht spülen Sie sogar unter einem Wasserfall allen „Schmutz" einfach ab.**
- **Oder Sie sind mit Teflon beschichtet, dann braucht aller Schmutz nur ein leichtes Schütteln, um von Ihnen abzufallen.**

Das Ziel eines Separators ist, Ihr „System“ wieder in einen neutralen oder sogar positiven Zustand zu bringen. Vielleicht prüfen Sie mal für sich, welcher Separator Ihnen hilft und machen sich eine Notiz.

Gute Fragen, ...

... um sein eigenes Stresserleben und -verhalten zu erkunden. Vielen Menschen helfen in oder nach stressigen Situationen folgende Fragen, um sich besser mit Stress auseinanderzusetzen.

- **Bin ich im Stress?**
- **Was genau stresst mich gerade?**
- **Wie äußert sich dies innerlich?**
- **Welche Personen (innen und außen) sind beteiligt?**
- **Wer stresst hier wen?**
- **Wie muss ich denken, um Stress zu fühlen?**
- **Wie stresse ich gerade?**
- **Wie schaffe ich es, gerade zu stressen?**

- **Ich stresse mich?**
- **Etwas stresst mich?**

Und auch: Wie löse ich den Stress im besten Sinne für alle auf? Brülle ich rum oder spreche ich ruhig aus, was mich stört? Diese Fragen geben Aufschluss darüber, wie ich stresse, und helfen dabei, in Zukunft anders auf bestimmte Situationen zu reagieren.

Die externe Festplatte für Ihre Gedanken

Kennen Sie diese kleinen und großen Gedanken, die immer und immer wieder kommen? Gerade haben Sie sie noch zur Seite geschoben oder weggeschickt und zack, sind sie wieder da?

Eine gute Methode, um ein wenig mehr Ruhe zu bekommen und weniger zu grübeln, ist so einfach wie effektiv: Schreiben Sie Ihre Gedanken auf. Ob als ganzen Satz oder lediglich als Stichwort ist völlig egal. Wichtig ist, dass Sie das mit einer wertschätzenden Haltung dem Gedanken gegenüber tun, damit das Gehirn die Gedanken auch wirklich loslassen kann. Das Motto könnte lauten: „Hier, auf diesem Zettel oder in diesem Notizbuch ist ein wirklich guter Platz für dich, lieber Gedanke." Vielleicht sind es eher die ungeliebten Gedanken, die so einen Platz außerhalb Ihres Kopfes finden. Umso wichtiger ist die gute Art und Weise, auf die diese Speicherung geschieht. Der handschriftliche Weg ist außerdem besser als per Smartphone oder Computer.

Sie können, wenn Sie einen Gedanken haben, der erst später oder an einem anderen Ort für Sie wichtig ist, diesen vielleicht auch mit einem Lächeln dorthin schicken. Vielleicht hilft Ihnen dabei die Formulierung „Ja und später, an diesem Ort und zu dieser Zeit, da kümmere ich mich um dich, lieber Gedanke" und die lebhafte Vorstellung, wie Sie sich später an diesen Gedanken erinnern. Ein bisschen wie eine Gesprächsvorbereitung, die erst zum entsprechenden Meeting wichtig wird und es im Moment nicht ist. Vielleicht kommen manche Gedanken noch einige Male wieder, dann wiederholen Sie den Vorgang einfach.

Drei Fragen für ein glückliches Leben

So einfach diese Fragen klingen, so wirkungsvoll ist ihre Wiederholung. Im Gehirn passiert beim Fragen und Beantworten Folgendes: Es bilden sich neuronale Verbindungen aus, die vorher durch Stress zerstört wurden und die positives Denken bzw. Erleben verstärken. Die drei Fragen für ein glückliches Leben wurden von Yvonne Dolan und Luc Isebaert vorgeschlagen, sie haben mit ihnen verblüffende Ergebnisse in der Arbeit mit ihren Patienten erzielt. Dankbarkeit ist übrigens in allen Weltreligionen verankert und in der Glücksforschung ein zentraler Faktor fürs eigene Zufrieden- und Glücklichsein.

Sie können sich die drei Fragen stellen oder auch mehrmals am Tag die Antworten auf die Fragen aufschreiben. Übung macht auch hier den Meister und je selbstverständlicher diese Fragen für Sie werden, umso besser wird die Wirkung sein, die Sie damit erzielen. Hier nun die drei Fragen für Ihr glückliches Leben:

- **Was habe ich heute getan, worüber ich zufrieden sein kann?**

- **Was hat jemand anderes getan, worüber ich zufrieden, vielleicht sogar dankbar sein kann?**

- **Wie habe ich dem anderen gezeigt, dass ich dankbar über das Getane bin (um die Wahrscheinlichkeit zu erhöhen, dass er das wieder tut)?**

Wenn es nichts gibt, worüber Sie dankbar sind, dann fragen Sie sich vielleicht, worüber Sie dankbar sein *könnten.*

Noch ein kleiner Check für Ihre Spiegelneuronen:

„Wie auch immer
du dich entscheidest,
es wird falsch sein."

– Konfuzius

Die Lust am Scheitern entdecken

... und der beste Platz für die Selbstgeißelungspeitsche

> „Scheiße passiert! Und auf Scheiße wachsen die schönsten Rosen – man muss ihr nur ein wenig Zeit geben, um zu Dünger zu werden."
>
> – Virginia Satir

Eine Frage, die ich Menschen immer wieder stelle, ist: „Haben Sie sich schon mal die Erlaubnis zu scheitern gegeben?" Fast immer kommt die Antwort „Nein!". So geht es in der Regel doch um Erfolg, Motivation, darum, besser zu werden und um die Richtung nach oben. Da hat ein Scheitern keinen Platz, oder doch?

Als ich Jonglieren gelernt habe, ging bis zum dritten Ball alles sehr gut. Ein Ball mit einer Hand, zwei Bälle mit einer Hand, zwei Bälle mit zwei Händen. Also wollte ich weiter, noch mehr, noch besser. Das sollte doch leicht sein, ich mit meinem Talent und über zehn Jahren Leistungssport! Aber dieser dritte Ball folgte immer wieder der scheinbar magischen Anziehungskraft des Bodens. Ich übte und probierte und hatte ziemlich bald die Nase voll vom ständigen Ballaufheben. In der festen Überzeugung, dass zwei Bälle zum Jonglieren völlig ausreichten, ließ ich das Projekt dritter Ball sein. Bis eines Tages im Rahmen eines Seminars der Trainer sagte: „... und wir lernen ALLE mit drei Bällen zu jonglieren." Na prima, ich war gespannt, wie er das schaffen wollte. Die Übungen mit einem und zwei Bällen waren einfach. Dann kam der dritte Ball hinzu und wieder scheiterte ich ein ums andere Mal, das kannte ich doch schon. Dann kam der für mich erlösende Satz „... denkt dran, wenn ihr den Ball fallen lasst, dann ist das ein Moment neuen Lernens und ein sehr gutes Zeichen!" Ich brauchte einen

Moment, die Wirkung des Satzes zu verdauen, und dann probierte ich es aus. Es war interessant, wie oft ich in den ersten zwei Minuten „etwas Neues gelernt“ habe. Dann, mit einem Mal, gelang es. Ich jonglierte halbwegs sicher mit drei Bällen – der verflixte dritte Ball fiel kaum noch zu Boden. Ein weiterer Hinweis war noch, dass das Loslassen das Wichtigste beim Jonglieren sei, nicht das Fangen. Seitdem ich das beherzige, kann ich endlich gut und sicher mit drei Bällen jonglieren, eine Sache, die ich seit 30 Jahren können wollte und jetzt kann.

Bei diesem Seminar habe ich drei wesentliche Dinge gelernt:

1. **Oft brauchen wir einfach jemand anderen, der uns Wege zeigt, wie etwas noch geht.**
2. **Wenn ich scheitere, dann ist das ein Moment neuen Lernens.**
3. **Richtig erfolgreich wird der, der loszulassen lernt.**

Zurück also zur Erlaubnis zum Scheitern. Warum ist es so wichtig, sich diese zu geben? In erster Linie, weil wir keine Maschinen sind und immer wieder Fehler machen, vielleicht unkonzentriert sind, uns zu viel vornehmen und oft nicht das erreichen, was wir wollen. So sehen wir unser Scheitern wegen zu hoher Ansprüche an uns selbst immer wieder als Beweis und Gradmesser dafür, was für ein Mensch wir sind – und sei das Scheitern noch so klein.

> „Fehler sind die wunderbare Gelegenheit neu anzufangen – nur intelligenter.“
> – Henry Ford

So kann das Scheitern fünf Fehler in einem Diktat bedeuten, das man doch fehlerfrei schreiben wollte und so oft geübt hat. Die 95 richtig geschriebenen Wörter vergessen wir hier nebenbei gesagt nur allzu oft in unserer Bewertung. Oder wir wollen etwas perfekt machen, und dann passiert da diese Kleinigkeit und alles ist, zumindest gefühlt, umsonst. Interessanterweise bemerken nur wir selbst, dass wir gescheitert sind. Alle anderen bekommen davon nichts mit. Dafür bestrafen wir uns jedoch umso härter und lassen uns die berühmten Schläge mit der

Selbstgeißelungspeitsche spüren. Immer wieder erlebe ich hierbei, dass die meisten Menschen mit sich selbst am schlechtesten umgehen. Während viele ihren Hund einsperren, damit er sich freut, wenn sie ihn wieder freilassen, gönnen wir uns selbst noch nicht mal die Freude des uns selbst Freilassens, sondern suchen skeptisch nach dem Haken an der Sache.

Bei manchen Menschen habe ich das Gefühl, die Selbstgeißelungspeitsche ist fest mit der rechten Hand verwachsen. Mal an einem Tag Urlaub davon zu machen und vergnügt die Grenzen der eigenen Endlichkeit zu entdecken, wäre doch vielleicht mal ein Reiseziel, das sich lohnen würde?

Die Erlaubnis zum Scheitern zu haben heißt auch nicht, dass man alles dafür tut, um zu scheitern. Es geht lediglich um eine Nulllinie für sich selbst. Selbst wenn nichts passiert, man scheitert, im Kleinen oder Großen, ist es ok. Nicht toll, schön oder was auch immer, es ist aber immerhin ok.

Wenn ich eine Anleitung zum schlechten Umgang mit sich selbst schreiben müsste, dann wäre das Wichtigste, was es zu beachten gilt, dass alles ganz perfekt werden soll. Unter 100 % ist nicht genug, die 80-20-Regel von Herrn Pareto wird ignoriert. Was auch hilft, sind laute Selbstzweifel und der Chor der inneren Stimmen, die laut den Charthit „Du schaffst es eh nicht, du bist nicht genug“ singt. Dabei ist ein Scheitern doch in der Regel immer ein Erfolg, nur eben bezogen auf ein anderes Ziel. Wenn ich dann das Ziel an mein Ergebnis bzw. Scheitern anpasse, bin ich sofort erfolgreich.

Pareto-Regel

Vilfredo Pareto (ital. Mathematiker) hat die so genannte 80-20-Regel beschrieben. In der Regel erreichen wir 80 % einer Aufgabe mit 20 % der Zeit, machen 80 % des Umsatzes mit 20 % der Kunden etc.

Wenn man sich das bewusst macht, kann man schneller mal auch bei 80 % aufhören oder sich für die anderen 20 % Hilfe holen, besonders wenn dieser Teil der Aufgabe oder des Umsatzes anderen Menschen leichter fällt als uns selbst. Wenn es dann doch 100 % werden sollen, wissen wir, dass das letzte Stück des Weges nicht so schnell geht wie die ersten 80 %. Für das eigene Zeitmanagement und den guten Umgang mit sich selbst also eine durchaus relevante Regel.

Sich selbst und auch anderen die Erlaubnis zum Scheitern zu geben, hat eine Vielzahl von nützlichen Auswirkungen. Den guten Umgang mit sich selbst – liebevoll, annehmend und achtsam – zu akzeptieren und sich zu freuen, dass man ein Mensch ist, halte ich für die wichtigste.

Interessant finde ich auch, dass in Firmen, wo die Erlaubnis zu scheitern im Sinne einer Fehlerkultur etabliert wurde und es ok ist, Fehler zu machen und diese zuzugeben, ein dramatisches Absinken der Fehlerquote festzustellen ist. Weitere Auswirkungen sind deutlich verbesserte Abläufe, ein Höchstmaß an Flexibilität und überdurchschnittlicher Erfolg am Markt, von der hohen Arbeitszufriedenheit der Mitarbeiter ganz zu schweigen.

Die Lust am Scheitern entdecken

Der nächste Schritt nach der Erlaubnis zu scheitern ist, die Lust am Scheitern zu entdecken. Wenn ich an mein Leben und an die Erfahrungen vieler Klienten und Seminarteilnehmer denke, dann sind die wirklich relevanten und wichtigen Entwicklungen immer aus Krisen, Chaos und somit immer einem Scheitern erwachsen. Das ist die von Virginia Satir erwähnte Scheiße, die immer mal wieder passiert. Was alle Menschen sagen, mit denen ich über das Thema „Scheitern“ spreche, ist, dass es danach besser ist – die Rosen duften und blühen wunderschön. Hierbei frage ich mich immer, ob es mit diesem Wissen nicht wirklich einfach wird, das eigene Scheitern lieben zu lernen, zu bemerken, dass man ein Mensch ist und es danach mit Sicherheit besser ist. Anders gesagt könnte das auch heißen, dass man Irritationen als Freunde begrüßt, die uns die Chance geben, etwas Neues zu entdecken, zu lernen und uns zu fragen, wozu das jetzt gerade gut ist. ... und wozu noch ... außer nichts?

„Hinzufallen ist immer dann ok, wenn man sich erinnert, danach auch wieder aufzustehen.“

– Henry Ford

Es ist doch ohnehin immer die beste Gegenwart, der beste Augenblick, der es jetzt sein kann. Weil es der einzige Augenblick ist, der jetzt ist. Und da es der einzige Augenblick ist, kann es auch immer der beste sein. Oder anders gesagt: Das Leben findet nicht im Konjunktiv statt und wir sind hier nicht bei „wünsch dir was“, sondern bei „so isses“!

Nachwort

Für das vergnügte, interessierte und experimentelle Umsetzen der im Buch enthaltenen Vorschläge, Techniken und Modelle wünsche ich Ihnen alles Beste – und sowohl die Erlaubnis als auch die Lust am Scheitern.

Vielleicht bedenken Sie auch, dass Sie alles beeinflusst. Was Sie lesen, was Sie sich im TV anschauen und mit welchen Menschen Sie sich umgeben. Welchen Informationen Sie Raum geben, bestimmt, welche Erlebnisnetzwerke Sie aktivieren. Dabei ist es vielleicht wie bei dem alten Indianer, in dessen Brust zwei Wölfe wohnen und die jeden Tag miteinander kämpfen. Einer, der voller Hass und Wut ist, und einer, der voller Zuneigung und Achtsamkeit ist. Auf die Frage, welcher von beiden gewinnt, antwortet der Indianer: „Es gewinnt immer der Wolf, den wir füttern."

Unsere kraftvollsten Energielieferanten sind Gefühle wie Wertschätzung, aufrichtige Anteilnahme, Mitgefühl, Freundlichkeit, Vergebung und Liebe. Dies sind innere Energiespender und sorgen für mentale, emotionale und physische Regeneration. Das Gesündeste sind gute und intakte Beziehungen – deswegen sollten Sie sich um diese kümmern – egal, ob beruflich oder privat.
Oder wie Albert Einstein es sinngemäß sagte: „Die wichtigste Entscheidung in unserem Leben ist die, in welcher Welt wir leben wollen. In einer Welt voller Hass, Missgunst, Neid und Krankheit oder in einer Welt voller Liebe, Mitgefühl, Achtsamkeit, Gesundheit und Zufriedenheit. Eine Entscheidung, die wir jeden Augenblick neu treffen können."

Viel Vergnügen und bestes Gelingen,
Ihr

Sebastian Mauritz

PS: Eine Frage zum Schluss: Bis wann wollen Sie warten, bis Sie mit Ihren neuen positiven Verhaltensweisen anfangen?

„Die es gut meinen,
das sind die Schlimmsten."
– Paracelsus

eBook-Download

Hier können Sie kostenlos Ihr persönliches eBook im Format Ihrer Wahl herunterladen:

www.deinburnout.de/ebook
Code: 2013ACHEKOMM

Danke

Danke an Karen für den Austausch, Angie für den Motivationsschub, C für unser kleines großes Brainstorming und in Kombi mit Rainer für den Radiospot, Dirk Eilert für den dritten Ball, Anni und René für viel Kreativität, Danke an Flo, Dr. Michael Richter, meine Eltern und alle, die zur Entstehung auf ihre eigene Art und Weise beigetragen haben.

Danke an Tom Andreas und seine sieben Wege der Veränderung. Ein nützliches Modell, menschliches Handeln und Erleben strukturiert zu erklären. Fünf dieser sieben Wege liegen dem ersten Teil des Buches zu Grunde.

Quellen

Literatur:

Luise Batholdt – Stress im Arbeitskontext

Jorge Bucay – Komm, ich erzähl Dir eine Geschichte

Matthias Burisch – Das Burnout-Syndrom

Spencer Johnson – Who Moved My Cheese: An Amazing Way to Deal With Change in Your Work and in Your Life

Gert Kaluza – Stressbewältigung

Sebastian Mauritz et al. – Das Ginkgo Prinzip (www.ginkgo-prinzip.de)

Manfred Nelting – Burnout

Manfred Nelting – Schutz vor Burnout

Klaus Michael Ratheiser – Burnout und Prävention

Ludger Rensing – Mensch im Stress

David Rock – Brain at Work: Intelligenter arbeiten, mehr erreichen

Gunther Schmidt – Einführung in die hypnosystemische Therapie und Beratung

Sylvia Kéré Wellensiek – Handbuch Resilienztraining

Grün tut uns gut – Studie (Daten und Fakten zur Renaturierung des Hightech-Menschen) www.wanderforschung.de/files/gruentutgut1258032289.pdf

Seminare & Mentoren:

Tom Andreas (www.TomAndreas.de), Vera F. Birkenbihl (www.Birkenbihl.com), Matthias Varga von Kibéd und Insa Sparrer (www.syst.info), Steve de Shazer und Insoo Kim Berg (www.sfbta.org), Gunther Schmidt (www.meihei.de), Thomas van der Grinten (www.hypnose-akademie.com), Stephen Gilligan (www.StephenGilligan.com), Lucas Derks (www.socialpanorama.com), Milton H. Erickson (www.erickson-foundation.org), Virginia Satir (www.satirglobal.org), Gregory Bateson (www.anecologyofmind.com), Frank Farelly (www.provocativetherapy.com), Noni Höfner, Charlotte Tracht (www.provokativ.com), Friedemann Schulz von Thun (www.schulz-von-thun.de), Sabine Klenke (www.silcc.de), Antonio Damásio (www.usc.edu/schools/college/bci/), Gerald Hüther (www.gerald-huether.de), Manfred Spitzer (www.znl-ulm.de), Bruce Lipton (www.brucelipton.com).

Resilienz.wiki

Das Portal zum Thema Gesundheit & Resilienz:

Die Erklärung von Stress, dem Ginkgo-Prinzip und der Umsetzung im Büroalltag.

www.ginkgo-strategie.de

Alles rund um das Thema Schlaf und Regeneration.

www.bettzeit.com

Speziell für den Büroalltag entwickeltes Kurzprogramm, um die Flexibilität und Gesundheit der Mitarbeiter noch weiter zu fördern.

www.office-yoga.de

Das Ginkgo-Prinzip

Inhalt

Das Buch zum Thema Work-Life-Balance beschäftigt sich mit vielfältigen Arbeitskonzepten, Stress, Gesundheit sowie sinnlichen Raumkonzepten.

Mit dem Ginkgo-Prinzip werden die scheinbaren Gegensätze Arbeit und Leben zu einer neuen Lebensform verbunden, die von Erfolg, Leistung, Kreativität, Gesundheit, Wohlbefinden und Glück geprägt ist.

Hardcover mit vielfältiger Druckveredelung

alle Inhaltsseiten komplett 4-farbig plus Sonderfarbe Gold

Viele Abbildungen und Diagramme

Insgesamt 272 Seiten

Titel:	Das Ginkgo Prinzip
Untertitel:	Arbeitest Du nur oder lebst Du auch?
Autor:	Sebastian Mauritz, Jens Barwinske, et.al.
ET:	14. Dezember 2009
Buchpreis:	42,00 Euro
Umfang:	272 Seiten

Das Gingko-Prinzip ist in fünf weitere europäische Sprachen (Englisch, Französisch, Italienisch, Niederländisch, Spanisch) übersetzt worden. Die Inhalte wurden von Fachjournalisten an das jeweilige Land angepasst. Die fremdsprachigen Versionen sind als eBook erhältlich.

Jetzt kaufen unter: www.ginkgo-prinzip.de

Wichtiger Hinweis

Alle im Buch veröffentlichten Empfehlungen, Tipps und Resilienzstrategien wurden von Verfasser und Verlag sorgfältig geprüft, jahrelang erarbeitet und nach bestem Wissen beschrieben. Eine Garantie kann dennoch nicht übernommen werden. Ebenso ist die Haftung des Verlages bzw. des Verfassers für Vermögens-, Sach- oder Personenschäden ausgeschlossen.

Für eine Vereinfachung des Leseflusses wurde meistens auf die Doppelung weiblicher und männlicher Formen verzichtet. Selbstverständlich soll sich dadurch weder der weibliche noch der männliche Teil der Bevölkerung benachteiligt fühlen.

2. Auflage (August 2015)
Autor: Sebastian Mauritz
Wissenschaftliche Mitarbeit: Dipl. Psych. Karen M. Dobberstein
Lektorat: Renate Da Rin, Ties Lange
Layout/Satz: René Kopp
Bild- und Abbildungsnachweis: Sebastian Mauritz, iStock, Ingram Imagelibrary

Verlag: Mauritz & Grewe GmbH & Co. KG
Kennnummer 5221201
Werner-von-Siemens-Str. 1
37077 Göttingen
T. 0551 50428-18
info@sebastianmauritz.de
www.sebastianmauritz.de

Druck: www.flyeralarm.de
Umfang: 124 Seiten
ISBN: 978-3-938883-03-7